Guilherme Assis de Almeida

A Proteção da Pessoa Humana no Direito Internacional

Conflitos Armados, Refugiados e Discriminação Racial

São Paulo
2018

Editor: Fabio Humberg
Capa e Projeto gráfico: Alejandro Uribe
Revisão: Humberto Grenes

Dados Internacionais de Catalogação na Publicação (CIP)
(Câmara Brasileira do Livro, SP, Brasil)

Almeida, Guilherme Assis de
A proteção da pessoa humana no direito
internacional : conflitos armados, refugiados e
discriminação racial / Guilherme Assis de Almeida. --
São Paulo : Editora CLA Cultural, 2018.

Bibliografia.
ISBN 978-85-85454-87-6

1. Declaração Universal dos Direitos Humanos
2. Dignidade humana 3. Direito internacional
4. Direitos humanos 5. Discriminação racial
6. Refugiados I. Título.

18-14391   CDU-341 : 347.121.1

Índices para catálogo sistemático:

1. Direitos humanos e direito internacional
341:347.121.1

Grafia atualizada segundo o Acordo Ortográfico da Língua Portuguesa de 1990, que entrou
em vigor no Brasil em 1º de janeiro de 2009.

Editora CL-A Cultural Ltda.
Tel: (11) 3766-9015
editoracla@editoracla.com.br
www.editoracla.com.br

Livro disponível também no formato e-book.

À Fundação de Amparo à Pesquisa do Estado de São Paulo (FAPESP) pela bolsa de pesquisa no exterior, a Hans Joas pelo diálogo fraterno e inspirador e ao FRIAS (Freiburg Institute for Advanced Studies) pelo acolhimento.

Sumário

Prefácio 08

Introdução 14

Parte I – Narrativas do Sagrado:
Antecedentes dos Direitos Humanos 18

1.1) A Sacralidade da Pessoa 20
    1.1.1) A Sacralidade da Pessoa e os Direitos
        do Homem e do Cidadão (1898) 22
    1.1.2) Indivíduo, Pessoa, Sujeito de Direito 32
    1.1.3) Narrativa e Juízo Reflexivo em Durkheim 35

1.2) Missão Sagrada da Civilização 47
    1.2.1) Do Direito Internacional das Nações Civilizadas
        (1815-1919) ao Direito Internacional da
        Humanidade (1919-em diante) 50
    1.2.2) Roger Casement (1864-1916):
        em nome da Civilização e da Humanidade 55
    1.2.3) A Sociedade das Nações (SDN)
        e os temas de direitos humanos 60

Parte II – Emergência dos Sujeitos de Direito
nas três vertentes da Proteção Internacional
dos Direitos da Pessoa Humana 71

2.1) Histórico da Proteção da Pessoa Humana
    no Direito Internacional 73

2.1.1) Declaração dos Direitos Internacionais do Homem (1929), o caso Franz Bernheim (1933) e a proteção universal dos direitos humanos 76

2.1.2) Declaração Universal dos Direitos Humanos (1948) e a proteção internacional dos direitos humanos 83

2.1.3) A dignidade da pessoa humana e o personalismo na DUDH 89

2.2) Sujeitos de Direito nas três vertentes da Proteção Internacional dos Direitos da Pessoa Humana 95

2.2.1) Sujeito de Direito no Direito Internacional Humanitário (DIH) 100

2.2.2) Sujeito de Direito e o DIR 107

2.2.3) Sujeito de Direito e o DIDH 123

Conclusão 137

Bibliografia 143

A função política do que conta a história, na medida em que está preocupado com a verdade factual, é ensinar a aceitação das coisas tais como elas são.

Celso Lafer

Prefácio

A presidência da banca de concurso de livre-docência ocorrido em dezembro de 2017 foi uma das últimas atividades acadêmicas que desempenhei ainda na condição de diretor do Instituto de Relações Internacionais da Universidade de São Paulo. E a circunstância de ter sido um concurso na área de direito internacional e candidato o professor Guilherme Assis de Almeida – da Faculdade de Direito da USP, docente também no meu Instituto – foi especialmente marcante para mim. No encerramento de um longo ciclo, dava-se, de certa forma, o retorno à minha origem uspiana.

Tendo ingressado na Faculdade de Direito em 2002, já com 16 anos de docência em direito internacional, dividi-me, desde logo, entre o Largo de São Francisco e a Cidade Universitária, neste campus para ensinar no Bacharelado em Relações Internacionais. Em 2009, tornei-me livre-docente no Departamento de Direito Internacional e Comparado da Faculdade de Direito e, em 2013, professor titular de direito internacional do Instituto de Relações Internacionais. Em 2014, após ter sido vice-diretor do Instituto, assumi a função de diretor, com mandato justamente até o final de 2017.

Assim, examinar um professor da Faculdade de Direito que acumulava a docência para alunos de direito e de relações internacionais foi um reencontro com minha própria trajetória na USP.

Somou-se a essa similaridade a opção do professor Guilherme por enfocar em sua tese o tema dos direitos humanos, ao qual venho dedicando especial atenção em meu trabalho acadêmico. E a tese – da qual se originou este livro que tenho a satisfação de prefaciar – cuidou ainda de explorar aspecto dessa temática que me parece de grande atualidade e significativa importância, também alvo de minha inquietação acadêmica: a busca de explicação para a progressiva e acentuada relevância dos direitos humanos na estruturação da ordem jurídica do mundo contemporâneo.

Com efeito, esse propósito científico se constitui em nova fronteira nos estudos de direitos humanos. Estes vêm sendo marcados primordialmente por enfoques que priorizam a descrição dos sistemas nacionais e internacionais de proteção à pessoa humana e de suas especificidades, bem como a análise dos aspectos conceituais e operacionais a eles inerentes.

Muito embora os estudiosos convirjam na identificação do papel destacado que os direitos humanos ostentam na conformação dos sistemas jurídicos atuais, quando se trata de apontar, sob uma perspectiva científica, as causas dessa primazia prevalece ainda uma abordagem de viés essencialmente idealista. Com frequência, identifica-se nas experiências históricas extremas do século XX o fator propulsionador do que seria uma tomada de consciência coletiva determinante para o reconhecimento e a afirmação dos direitos humanos.

É verdade que a violência bélica sem precedentes, os campos de concentração do nazismo e as bombas nucleares impactaram significativamente a sociedade do século XX, por força inclusive da ampla disseminação das informações sobre esses acontecimentos pelos novos e poderosos sistemas de comunicação social. Mas não soa convincente o entendimento de que esse quadro fenomenológico pudesse se constituir, por si só, em fator gerador de uma convicção social generalizada que, por sua vez, atuaria como elemento causador da transformação da estrutura da ordem jurídica.

Antes desses eventos extremos do século XX, muitas outras situações de violência desmedida impactaram a sociedade humana e não se prestaram a elevar os direitos humanos ao patamar atualmente reconhecido.

Já nas décadas recentes, cenários de graves violações de direitos humanos – Ruanda e os Balcãs, na década de 1990, Síria e a perseguição a imigrantes nos países desenvolvidos, na atualidade – impedem que se conclua pela existência de uma consciência coletiva de feição humanista.

Ou seja, para além dessa perspectiva idealista e duvidosa de emergência de um homem novo, edificador de uma nova ordem, há seguramente elementos que podem propiciar, em bases mais sólidas, explicação sobre a elevação dos direitos humanos à condição de fundamento de uma ordem jurídica de vocação universal, cujas características se projetam nos direitos nacionais e no direito internacional.

A tese de Guilherme Assis de Almeida, agora consubstanciada nesta obra, está voltada justamente à busca de elementos explicativos dessa configuração. Valendo-se do lastro da filosofia do direito, próprio da área de que é originário na Faculdade de Direito, o professor Guilherme se detém no exame das abordagens do século XIX sobre a *sacralidade* do ser humano e sua projeção na missão civilizatória que respaldaria o advento de uma ordem jurídica de caráter universal na qual os direitos humanos são fator estruturante.

Essa perspectiva vai ao encontro de aproximações de natureza antropológica, que identificam raízes bem mais antigas para o caráter sagrado do ser humano, visto nas grandes religiões monoteístas como criação divina, forjado à imagem e semelhança de Deus. Para o autor, a primazia dos direitos humanos na ordem jurídica global seria uma decorrência da preservação e afirmação histórica dessa noção seminal.

Sem discrepar dessa avaliação, mas valendo-me de outros acervos teóricos – do direito internacional e da ciência política –, venho também perseguindo a explicação para essa primazia dos direitos humanos, como argumentei na arguição que fiz ao professor Guilherme em seu concurso de livre-docência[1].

Entendo que os eventos do século XX, de efeitos extremos, como visto, demonstraram a impossibilidade de o Estado seguir como unidade sistêmica básica de arranjos jurídicos cuja validade e efetividade repousassem justamente no consentimento estatal. Em um mundo pautado pelo impacto do acelerado desenvolvimento tecnológico, a própria garantia de preservação das condições de sobrevivência da espécie humana passou a depender da tutela internacional, necessariamente vinculada a um novo perfil de ordem jurídica, de alcance global.

---

[1] Pedro B. A. Dallari, "The integration of the law in a politically fragmented world", em *Brasil nas ondas do mundo*, Álvaro de Vasconcelos (org.). Editora da Universidade Federal de Campina Grande (ISBN: 978-858001217-0) e Imprensa da Universidade de Coimbra (ISBN Impresso: 978-989-26-1432-8, ISBN Digital: 978-989-26-1433-5, DOI: https://doi.org/10.14195/978-989-26-1433-5_2), 2017.

Nesta nova ordem jurídica universalmente concebida, o Estado não é a unidade fundamental, à qual meramente se subordinariam os seres humanos abrangidos na respectiva população. O próprio indivíduo – titular de direitos que lhe são reconhecidos universalmente e que dão fundamento à existência de uma ordem global – é a unidade sistêmica básica, sendo o Estado instituição intermediária que, tanto ao produzir as regras do direito interno como ao contratar regras de direito internacional, cuida, funcionalmente, de regular a integração da sociedade nacional a uma ordem jurídica que, de forma acentuada, vai se estabelecendo globalmente.

Neste novo contexto, os direitos humanos logicamente se impõem como elemento estruturante da ordem jurídica global.

A centralidade do ser humano e de seus direitos fundamentais na estruturação dessa ordem jurídica reflete, no campo do direito, o impacto do advento do Antropoceno, a nova era geológica em que a humanidade está adentrando e cuja identificação pela ciência advém justamente da constatação dos efeitos transformadores da atividade humana na estrutura física da esfera terrestre. Mais do que impulsionar algumas especialidades – como o direito ambiental, por exemplo –, a lógica do Antropoceno, independentemente do quadro de fragmentação política que caracteriza a época atual, induz à conformação de uma única ordem jurídica extensiva a toda comunidade humana, regida pelos direitos humanos e na qual os diferentes sistemas vão se integrando, com um forte viés de uniformização.

Este livro do professor Guilherme Assis de Almeida dialoga com a fascinante busca da compreensão do mundo contemporâneo e do direito que o guia.

Mais do que simplesmente examinar aspectos específicos da temática de direitos humanos – conflitos armados, refugiados e discriminação racial –, o autor procura situá-los em um quadro mais amplo, que corresponde à própria configuração da ordem jurídica global e de seus fundamentos. Trata-se de obra que encantará o leitor e o estimulará à reflexão sobre esse complexo desafio intelectual da nossa época.

Pedro Bohomoletz de Abreu Dallari

Professor Titular de Direito Internacional
do Instituto de Relações Internacionais
da Universidade de São Paulo

Introdução

Na Olimpíada do Rio de Janeiro (2016), pela primeira vez na história do evento, houve a participação de um "time de refugiados"[1] formado por dez atletas, originados da Síria, da República Democrática do Congo, do Sudão do Sul e da Etiópia. A artista plástica Yara Said, uma refugiada síria, desenhou uma bandeira para esse time (toda laranja com uma faixa preta). Yara explicou que a bandeira é inspirada no colete salva-vidas: um símbolo de solidariedade.

No entanto, na abertura dos jogos olímpicos, bem como em todos os outros momentos das Olímpiadas, a bandeira dos "refugiados" não pôde ser usada, uma vez que esse grupo de pessoas não era reconhecido como um sujeito de direito na comunidade internacional e, portanto, não possuía personalidade jurídica, sendo obrigado a usar a bandeira do Comitê Olímpico Internacional (COI).

Na doutrina atual do Direito Internacional são identificadas cinco diferentes concepções de personalidade jurídica: 1) a concepção do Estado como o único detentor de personalidade jurídica e, portanto, o único sujeito de direito; 2) a concepção do reconhecimento segundo a qual o Estado é o sujeito de direito originário do Direito Internacional e está livre para reconhecer a personalidade jurídica de outras entidades; 3) a concepção individualista segundo a qual o ser humano, enquanto indivíduo, é o destinatário final da norma internacional e, nessa função, é capaz de exercer direitos

---

[1] Para mais informações, <http://therefugeenation.org>. Acesso: 27.set. 2017.

internacionais e ser submetido a deveres internacionais; 4) para a concepção formal a personalidade jurídica no Direito Internacional é um conceito aberto podendo, em tese, qualquer entidade transformar-se em sujeito de direito adquirindo personalidade jurídica (o principal teórico dessa concepção é Hans Kelsen [1881-1973]); 5) para concepção do ator, em princípio, todos os participantes da comunidade internacional são pessoas internacionais; concepção que evita o uso dos conceitos de "sujeito de direito" e "personalidade jurídica" no âmbito do Direito Internacional[2].

A concepção individualista está baseada em duas premissas: 1) o Estado é uma entidade funcional governada por indivíduos que estão sujeitos aos princípios do Estado de Direito em benefício dos governados; 2) o Direito Internacional consiste em princípios fundamentais de Direito superiores aos interesses e vontades dos Estados. Um dos primeiros juristas a apresentar a concepção individualista, da forma como ela hoje é conhecida foi Hersch Lauterpacht (1897-1960) antes e logo após a Segunda Guerra Mundial. Sua manifestação consta em um artigo "The Subjects of Law of Nations"[3] e no livro *International Law and Human Rights* (1950)[4].

Para Lauterpacht, a exemplar manifestação histórica do conceito de personalidade jurídica individual ocorreu no julgamento de Nuremberg (1945-1946) e nos posteriores desenvolvimentos do Direito Internacional Penal. O Direito Internacional dos Direitos Humanos (DIDH) também pode ser compreendido à luz dessa concepção[5].

Na doutrina do Direito Internacional contemporâneo, um dos

---

[2]   Roland Portmann. *Legal Personality in International Law (Cambridge Studies in International and Comparative Law)*. Cambridge: Cambridge University Press, 2010, p. 2.

[3]   Hersch Lauterpacht. "The Subjects of Law of Nations". *Law Quarterly Review* 64.253 (1948), p. 97-119.

[4]   Roland Portmann, op. cit., p. 127-9.

[5]   Ibid., p. 127.

mais renomados defensores da concepção individualista da personalidade jurídica internacional é o juiz da Corte Internacional de Justiça Antônio Augusto Cançado Trindade.

A cristalização da personalidade e capacidade jurídicas internacionais do ser humano constitui, em nosso entender, o legado mais precioso da ciência jurídica do século XX. Trata-se de uma notável conquista da civilização, lograda graças ao considerável desenvolvimento do Direito Internacional dos Direitos Humanos ao longo das últimas cinco décadas (...)[6].

A fim de analisar a emergência histórica da personalidade jurídica no Direito Internacional dos Direitos Humanos, este livro está dividido em duas partes, a saber: na Parte I, datada de 1898 a 1919, analisarei duas narrativas: a) O texto *Os Intelectuais e o Individualismo*, de Émile Durkheim (1898), no qual surge a expressão *a Sacralidade da Pessoa*; e b) o artigo 22 do Pacto da Sociedade das Nações, onde aparece a expressão *missão sagrada da civilização*. Na Parte II abordarei o contexto histórico social do momento inicial da elaboração da Declaração Universal dos Direitos Humanos, bem como dos seguintes tratados: 1) A "Convenção para a Melhoria das Condições dos Feridos e Enfermos na Infantaria", primeiro tratado do atual Direito Internacional Humanitário; 2) a Convenção de Genebra do Estatuto do Refugiado (1951), primeiro e principal tratado do Direito Internacional dos Refugiados; e 3) Convenção para a Eliminação de Todas as Formas de Discriminação Racial (1965), primeiro tratado do Direito Internacional dos Direitos Humanos.

A presente reflexão está estruturada sob a forma de uma narrativa

---

6   Antônio Augusto Cançado Trindade. "O Direito Internacional dos Direitos Humanos no limiar do Novo Século". In: *Tratado de Direito Internacional dos Direitos Humanos* (volume III), capítulo XX. Porto Alegre: Sergio Antonio Fabris Editor, 2003 p. 405-509; p. 447.

e apresentará diversas narrativas que auxiliam a compreensão do surgimento de diferentes instrumentos jurídicos no Direito Internacional dos Direitos Humanos. De acordo com Robert M. Cover:[7] "(...) Nenhum conjunto de instituições jurídicas ou normas existe em separado das narrativas que o situam e lhe proporcionam significado".

Narrativa é toda e qualquer representação de eventos e consiste em histórias e discurso narrativo; histórias (ou estórias) como sequência de eventos (ação) e discurso narrativo como a representação de tais eventos.[8] Narrativas são uma forma de compreender a "razão de ser" dos acontecimentos. Esclarece Hannah Arendt a propósito da qualidade ímpar da narrativa:

> Assim, a narrativa recebeu seu lugar no mundo, onde sobreviverá a nós. (...) Nenhuma filosofia, nenhuma análise, nenhum aforismo, por mais profundos que sejam, podem se comparar em intensidade e riqueza de sentido a uma estória contada adequadamente.[9]

Hannah Arendt, em especial nos livros *A Condição Humana* (1958) e *Homens em Tempos Sombrios* (1968), é considerada, juntamente com Paul Ricoeur (*Tempo e Narrativa*), Charles Taylor (*As Fontes do Ser*) e Alsdair MacIntyre (*Depois da Virtude*), uma das responsáveis pela valorização da narrativa como instrumento de reflexão filosófica.[10]

A história principia com a narrativa da sacralidade da pessoa...

---

7   Robert M. Cover. "Nomos e Narração". *ANAMORPHOSIS Revista Internacional de Direito e Literatura*, vol. 2, nº 2, jul-dez 2016 [1983], tradução de Luis Rosenfield, p. 187-268; p.188.

8   H. Porter Abbot. *The Cambridge Introduction to Narrative*. Cambridge: Cambridge University Press, 2008, posição 225 [edição Kindle].

9   Hannah Arendt. Sobre a humanidade em tempos sombrios: reflexões sobre Lessing. In: *Homens em Tempos Sombrios*. São Paulo: Companhia das Letras, [1968] 2008, pp. 30-31.

10   Allen Speight. "*Arendt on Narrative Theory and Practice*". College Literature 38 (1), 2011, pp. 115-30. Grato ao prof. Markus Fraundorfer pela indicação da bibliografia referente à narrativa.

Parte I – Narrativas do Sagrado: Antecedentes dos Direitos Humanos

Na segunda metade do século XVIII, no continente europeu, tiveram lugar a abolição da tortura como meio de prova e a edição das primeiras normas jurídicas para a abolição da escravidão como direito de propriedade.

No ano de 1754, a Prússia aboliu a tortura; em 1772, a Suécia; em 1776, a Áustria e a Boêmia. Em 1789, foi a vez do governo revolucionário da França e, em 1834, da Inglaterra. Em 1794, a França aboliu a escravidão nas suas colônias e, em 1807, no seu território.[11]

No tocante às etapas para a abolição da escravidão, por parte do Império Britânico, elucida o filósofo ganês Kwame Anthony Appiah:[12]

> O parlamento do Reino Unido aboliu o tráfico de escravos em 1807, decretou o fim da escravidão colonial em 1833 e abandonou o sistema de aprendizagem de negros, que se seguiu à escravidão nas Índias Ocidentais, em 1838, libertando, assim, ao final, mais de 750 mil escravos.

---

[11] Lynn Hunt. *A invenção dos Direitos Humanos: Uma História*. Tradução de Rosaura Eichenberg. São Paulo: Companhia das Letras, {2007} 2009. p.75-76.

[12] Kwame Anthony Appiah. *O Código de Honra: Como ocorrem as Revoluções Morais*. Tradução Denise Bottmann. São Paulo: Companhia das Letras, {2010} 2012. p.54.

Em relação ao século XIX, no que tange ao Direito Internacional, aponta Celso Lafer:[13]

> No século XIX, uma primeira mobilização internacional em prol da dignidade humana foi o empenho na proibição do tráfico de escravos. Apoiada na esquadra britânica, voltou-se para a abolição da escravatura como uma instituição incompatível com a modernidade política e econômica. Cabe, igualmente, referência ao início do direito internacional humanitário com a criação da Cruz Vermelha.

Em relação ao *jus in bello*, no continente europeu, no ano de 1863, foi estabelecido o Comitê Internacional da Cruz Vermelha (CICV) e, durante o ano de 1864, por iniciativa do governo da Suíça, teve lugar, na cidade de Genebra, uma Conferência Diplomática que, como resultado, adotou, no dia 22 de agosto de 1864, um tratado de dez artigos, vale dizer: *A Convenção para Melhoria das Condições dos Feridos e dos Enfermos das Forças Armadas em Campanha*. Em 1899, um segundo tratado foi estabelecido: *A Convenção para Melhoria das Condições dos Feridos, Enfermos Náufragos das Forças Armadas no Mar*. Esse segundo tratado apenas ampliou para outro grupo de pessoas a aplicação dos princípios da Convenção de 1864[14], de forma que, no final do século XIX, ocorre a emergência histórica de quatro temas de direitos humanos que se relacionam com a edição de normas proibitivas no plano nacional ou internacional, a saber: abolição da escravidão como direito de propriedade de uma pessoa em relação a outra; proibição do

---

13 Celso Lafer. *A Declaração Universal dos Direitos Humanos de 1948: seu alcance e significado para a teoria dos direitos humanos* In: *Direitos Humanos* Um percurso no Direito no século XXI. São Paulo: Editora Atlas, 2015, p. 03-53, p. 9.

14 Frits Kalshoven e Liesbeth Zegveld. *Restricciones en la conducción de la Guerra*. Introducción al Derecho Internacional Humanitario. Tradução de Margarita Polo, Buenos Aires: Centro de Apoyo en Comunicación para América Latina (CICR): {2001} 2005 p. 30-1.

tráfico negreiro; proibição da tortura como meio de prova; e proteção de feridos e enfermos das Forças Armadas em Campanha e no mar e náufragos das Forças Armadas no Mar.

Esses quatro temas de direitos humanos estão diretamente relacionados com a proteção da integridade física e psíquica da pessoa. Em relação a tal aspecto, esclarecedor o comentário de Axel Honneth:[15]

> (...) estudos psicológicos que estudam as pessoas depois de passarem por experiências de tortura e estupro frequentemente falam de "morte psicológica". Pesquisas relacionadas ao processo coletivo de negação de direitos e ostracismo social, que usam a escravidão como exemplo, agora rotineiramente trabalham com o conceito de "morte social".

Argumenta Honneth que uma moralidade do reconhecimento é fundamentada em normas proibitivas. Dito de outro modo, o reconhecimento do indivíduo como pessoa demanda o impedimento legal da violação do seu direito a integridade física e psíquica.

No ano de 1898, a mentalidade da época era capaz de aceitar a moralidade mínima do reconhecimento, de modo que, para o pensamento jurídico e social da época, era possível a compreensão da expressão criada por Durkheim: *A sacralidade da pessoa*.

1.1) A Sacralidade da Pessoa

A Sacralidade da Pessoa: nova genealogia dos direitos humanos é o livro no qual Hans Joas consolida diversas inquietações teóricas. A genealogia de Joas tem seu início nos séculos XVIII e XIX.

---

[15] Axel Honneth. *Integrity and Disrespect: Principles of a Conception of Morality based on the Theory of Recognition.* Political Theory, vol. 20, n° 2, (maio, 1992) pp. 187-201.

Hans Joas, Jurgen Habermas, Karl-Otto Apel e Axel Honneth podem ser considerados os pioneiros do pragmatismo na Alemanha. Entre suas diversas obras, cito aquelas relacionadas ao tema deste estudo: 1) *Pragmatism and Social Theory* (1993) que, em diversos ensaios mostra a importância do pragmatismo para a Teoria Social; 2) *The Creativity of Action* (1997), que apresenta uma teoria da ação cuja inspiração central é o pragmatismo; e 3) *George Herbert Mead: A Contemporary Reexamination of his Thought* (1985), que atualiza o pensamento do pensador pragmático em tela.

Os livros *The Genesis of Values* (1997) e *A Sacralidade da Pessoa: nova genealogia dos direitos humanos* (2011), apesar de não diretamente relacionadas ao pragmatismo, são inspirados por essa tradição do pensamento. Valho-me do clássico texto de William James (1842-1910), *O Pragmatismo, um novo nome para algumas velhas ideias de pensar* (1907), para apresentar, de forma sintética, algumas teses centrais dessa corrente filosófica que auxiliam a compreender essas obras.

Em relação ao pragmatismo, esclarece James a importância do estudo dos fatos: "Ele vai em direção à concretude e à adequação, em direção à ação e ao poder. (....) Isso significa o ar livre e as possibilidades da natureza, ao contrário dos dogmas, da artificialidade e da pretensão de finalidade na verdade".

Aponta James que o pragmatismo é um método que demanda uma nova "atitude de orientação": (...) "A atitude de 'olhar para trás' para as primeiras coisas, os princípios, as 'categorias', as supostas necessidades; e 'olhar para frente' em direção às últimas coisas, aos frutos, às consequências, aos fatos."[16]

---

[16] William James. *Pragmatism: a new name for some old ways of thinking* (1907), edição kindle, p. 17.

É importante ter claro que a possibilidade de aplicar os conceitos às mais diversas experiências abre uma vasta gama de possibilidades de experimentação e mostra a centralidade da experiência subjetiva. Argumenta James: "Essas ideias (as quais são apenas partes de nossa experiência) tornam-se verdadeiras apenas e tão somente quando nos ajudam a manter relações satisfatórias com outras partes de nossa experiência".[17]

Em *The Genesis of Values*, Joas dialoga com diversos autores que apresentaram – de alguma forma – um conceito diverso de valor. E é por meio dessa "conversa intelectual" – uma das características do pragmatismo – que o autor extrai o seu próprio conceito.[18] Conforme afirmação do próprio Joas[19] no livro *A Sacralidade da Pessoa*, é aplicado o método concebido em *The Genesis of Values*. No livro em tela, Joas afirma "a própria pessoa humana se transforma em objeto sagrado"; continuando seu raciocínio o autor mostra que a expressão "a sacralidade da pessoa" foi concebida por Émile Durkheim no artigo "O individualismo e os intelectuais" (1898), elaborado por ocasião de uma polêmica no âmbito da discussão intelectual do caso Dreyfus (1894-1906).

1.1.1) A Sacralidade da Pessoa e os Direitos do Homem e do Cidadão (1898)

A afirmação da "sacralidade da pessoa" contribuiu para a elaboração de uma nova narrativa determinante para o surgimento de um processo de generalização desse valor que ocorreu na oportunidade da redação da Declaração Universal dos Direitos Hu-

---

17 William James, op. cit., p. 18-19.
18 Richard Bernstein J. *The Pragmatic Turn*. Cambridge (UK): Polity Press, 2010, p. 25.
19 Hans Joas. *A Sacralidade da Pessoa: nova genealogia dos direitos humanos*. Tradução de Nélio Schneider. São Paulo: Editora Unesp [2011] 2012, p. 9.

manos (1948). O último capítulo é dedicado a uma reflexão histórica a respeito desse documento. Joas, em uma atitude teórica balizada pelo pragmatismo, analisa a DUDH como uma "última coisa", um "fato", realizando um esforço intelectual para compreender quais foram as forças históricas que possibilitaram seu surgimento.

No capítulo II, "A sacralização da pessoa e as ameaças a ela", Joas não apresenta o contexto histórico, no qual foi formulada por Durkheim a expressão a "sacralidade da pessoa". Referido contexto é único e singular na história política da França e, portanto, é imprescindível a referência a ele.

Trata-se do caso Dreyfus, que dividiu a França, de 1894 a 1906, entre *dreyfusards* e *antidreyfusards*. A compreensão do caso, em suas raízes, tem como momento inicial a Declaração dos Direitos do Homem e do Cidadão (26 de agosto de 1789; com 17 artigos) e da Constituição Francesa (03 de setembro de 1791), que incorporou a Declaração no seu texto final, ampliando-a para 35 artigos.[20]

No tocante à Declaração dos Direitos do Homem e do Cidadão, oportuno o comentário de Arendt: "A Declaração dos Direitos do Homem, no fim do século XVIII, foi um marco decisivo da história. Significava que doravante o Homem, e não o comando de Deus nem os costumes da história, seria a fonte da Lei".[21]

Todavia, diversos acontecimentos ameaçaram princípios elemen-

---

[20] A Declaração dos Direitos do Homem e do Cidadão ampliada foi incorporada à Constituição Francesa de 1791 no ano de 1793. No dia 22 de agosto de 1795 foi proclamada a Declaração dos Direitos e Deveres do Homem e do Cidadão, com trinta e um artigos, sendo vinte e dois direitos e nove deveres. Para uma pesquisa aprofundada, veja: Frédéric Worms *Droits de l'Homme et Philosophie*. Paris: CNRS Edition, 2009, p. 71-85.

[21] Hannah Arendt, op.cit., p. 315.

tares da República, e um dos mais emblemáticos episódios é o caso Dreyfus[22] (1894-1906), que teve lugar durante a Terceira República (1875-1940).[23]

É inquestionável a relevância do caso no ambiente político da França do final do século XIX. Entre as diversas questões levantadas pelo caso, aponta Lafer:[24] "(...) Entre eles, as transformações da imprensa, o papel dos intelectuais, a gênese do sionismo que foi fruto do impacto que a cobertura jornalística do caso provocou em Theodor Herzl, o impacto das ideologias nas sociedades de massa".

O caso foi um dos únicos momentos da história da Revolução Francesa em que o Estado foi encarado como um violador dos direitos do homem e do cidadão. Aponta Stefan-Ludwig Hoffmann[25] o significado do caso durante o século XIX: "(...) Apenas durante o caso Dreyfus e a fundação da Liga dos Direitos do Homem no final do século, socialistas e republicanos descobriram o valor dos direitos individuais em face do Estado (...)".

A primeira parte do livro *Origens do Totalitarismo: Antissemitismo, Imperialismo e Totalitarismo* intitula-se Antissemitismo e, em no seu quarto capítulo, consta o Caso Dreyfus, descrito por Hannah Arendt[26] enquanto: "a peculiar oportunidade que oferece

---

22 Uma das melhores crônicas do Caso Dreyfus é o livro de Pierre Birnbaum L'*Affaire Dreyfus: La République en Péril*. Paris: Gallimard (Découvertes), 1994.

23 Para uma síntese histórica da Terceira República: M. Jacques Chastenet e Edouard Dolleans. *L 'histoire de la Troisième Republique*. Revue d´Histoire économique et sociale vol.30, n.4, (1952) p. 399-409 http://www.jstor.org/stable/24068767. Acesso: 25.set.2017.

24 Celso Lafer "O Processo do Capitão Dreyfus: de Rui Barbosa: o Texto, seus contextos e desdobramentos". In: *Direitos Humanos*: Um percurso no Direito no Século XXI (volume 1). São Paulo: Atlas, 2015, p. 157-77.

25 Stefan-Ludwig Hoffmann. "Introduction: Genealogies of Human Rights". In: Stefan-Ludwig Hoffmann (org.). *Human Rights in the Twentieth Century*. Nova York: Cambridge University Press, 2011, p. 10.

26 Hannah Arendt. *Origens do Totalitarismo: Antissemitismo, Imperialismo, Totalitarismo*. Tradução Roberto Raposo. São Paulo: Companhia das Letras, [1949]1989, p.198.

de, num breve momento histórico, revelar as potencialidades do antissemitismo, até então ocultas, como importante arma política de dentro da estrutura política do século XIX (...)".

A compreensão do artigo de Durkheim requer a percepção do contexto histórico em que foi redigido. Apresento a seguir uma breve cronologia do caso (em especial do ano de 1898):[27]

- **1894**
  15 de outubro: Dreyfus foi colocado em uma prisão militar sob acusação de alta traição. A investigação militar concluiu que foi ele o autor do borderô enviado, secretamente, para a Alemanha;[28]
  22 de dezembro: Juízes militares declaram, por unanimidade, Dreyfus culpado. Sentença: degradação militar, deportação e prisão perpétua em local fortificado.

- **1895**
  5 de janeiro: Cerimônia de degradação de Dreyfus;
  21 de fevereiro: Dreyfus embarca no navio-prisão que o levará a Ilha do Diabo (perto de Caiena).[29]

- **1898**
  10-11 de janeiro: Corte marcial contra Esterhazy (considerado o verdadeiro culpado). O réu é absolvido por unanimidade;
  13 de janeiro: *J'Accuse*, de Émile Zola, é publicado;
  20 de fevereiro: Criação da Ligue des Droits de L'Homme;[30]

---

[27] Cronologia baseada em: Louis Begley. *O Caso Dreyfus: Ilha do Diabo, Guantánamo e o pesadelo da história*. São Paulo: Companhia das Letras, 2010, p. 211 e seguintes.

[28] Borderô é um extrato detalhado da movimentação bancária.

[29] Atual capital da Guiana Francesa, localizada no norte da América do Sul. A "Ilha do Diabo" era um local onde ficavam isolados os leprosos.

[30] Jean Pierre Rioux. *1898-1899: Les premiers pas de la Ligue*. Supplément nº 128. D'Hommes et Libertés. *Revue de la Ligue de Droit de L'Homme* (2004).

15 de março: Publicação do artigo "Após o Processo", de Ferdinand Brunetière, na *Revue de Deux Mondes*; 1º de julho: Publicação do artigo "O individualismo e os intelectuais", de Émile Durkheim, na *Revue Politique et Littéraire – Revue Bleue*; 29 de outubro: A corte de cassação ordena uma investigação completa do julgamento de 1894.

Entre as características principais de diversos *antidreyfusards* é legítimo citar: um catolicismo reacionário e conservador vinculado à Igreja Católica Romana que rejeitava – de forma enfática – a ideologia da razão e do progresso,[31] antissemitismo e defesa do Exército Nacional enquanto exemplo de instituição patriótica. Nesse sentido, a própria estruturação do texto "Aprés le Process", do escritor católico conservador Ferdinand Brunetière, publicado na *Revue de Deux Mondes* em 15 de março de 1898, contra o qual Durkheim elaborou sua resposta, é ilustrativo dessa forma de pensar. O texto é dividido em três partes: I) O antissemitismo; II) O Exército e a democracia; e III) Sobre alguns intelectuais.

O trecho a seguir ilustra como os ideais da Revolução Francesa integram – ainda que de forma contrária – o pensamento do autor:

> (...) Contra a verdade evidente que a natureza proclamava por si mesma, sobre a qual o cristianismo e, depois, a filosofia do século XVIII e da Revolução Francesa, criaram o dogma da igualdade, uma ciência orgulhosa e, aliás, titubeante, estabeleceu o dogma fisiológico da desigualdade das raças. O antissemitismo começou aí.[32]

---

31 Eric J.Hobsbawn. *A Era dos Impérios*: 1875-1914. São Paulo: Paz e Terra, 2016 {1988}, p. 409.

32 Ferdinand Brunetière. "Após o Processo" em Émile Durkheim". In: *O individualismo e os intelectuais* (edição bilíngue e crítica). Organização e edição, Marcia Consolim, Márcio de Oliveira, Raquel Weiss. São Paulo: EDUSP, 2016.

Os judeus foram emancipados, na França, no dia 13 de novembro de 1791. A emancipação e a consequente igualdade perante a lei não ensejaram o fim do antissemitismo[33]. Em 1886 é lançado o livro *La France Juive*, que se transformou em um *best-seller*. Edouard Drumont, autor do livro, era também diretor do jornal *La Croix*, que se autoproclamava o "mais antijudeu da França". Ele mesclava um antissemitismo cristão tradicional com uma postura anticapitalista e um racismo biológico. No ano de 1892, lançou uma campanha de denúncia da presença de oficiais judeus no exército francês, denunciando-os como "espiões em potencial". Afirma Birnbaum: "Os judeus aparecem como inimigos da eterna França: eles a traem do interior do Estado Republicano".[34]

A onda antissemita foi acentuada em 1898 – o chamado ano negro –, sustentada por uma imprensa nacionalista hostil a Dreyfus e responsável pela publicação de jornais com uma tiragem cotidiana ao redor de cinco milhões de exemplares. Diversos grupos políticos surgiram em apoio a um catolicismo conservador e a uma posição antissemita, a saber: Liga dos Patriotas (1882), Liga Antissemita Francesa (1897) e Liga da Pátria Francesa (1899). No campo favorável a Dreyfus, é importante recordar o surgimento da Liga dos Direitos do Homem (Ligue des Droits de L'Homme), em 20 de fevereiro de 1898.

A Liga dos Direitos do Homem (LDH) surge para apoiar Dreyfus e, seguindo a tradição universalista da Revolução Francesa, apoia também as mais variadas questões ligadas à proteção dos direitos do homem ao redor do mundo, tais como: perseguição étnica e religiosa, o direito dos povos indígenas, vítimas de governos au-

---

[33] Pierre Birnbaum (1994)"L'Affaire Dreyfus". *La République em Péril*. Paris: Gallimard (Découvertes), 1994, p. 16.

[34] Ibid., p. 24-5.

toritários, desigualdade social e opressão. Nos primeiros anos de sua atividade, a LDH apoia causas em diversas localidades além da França, como: Argélia, China, Império Otomano, Costa do Marfim, Senegal, Balcãs, Indochina, Madagascar e Congo.[35]

No manifesto de fundação da LDH (17 de junho de 1898)[36] fica claro que o principal objetivo é a proteção da pessoa: "Vocês estão preocupados em garantir o respeito aos direitos do homem e do cidadão. A partir de hoje, toda pessoa que tiver a liberdade ameaçada ou o direito violado tem a certeza de encontrar em nós auxílio e assistência".

Nesse período a França estava dividida entre duas correntes políticas: 1) um catolicismo conservador, reacionário (favorável à volta da monarquia), antissemita; e 2) uma força política que defendia os princípios elementares da Revolução de 1789. Nesse contexto foi criado o substantivo "intelectual". Acertado o comentário de Bernard-Henry Lévy[37] a respeito da mudança de significado da palavra intelectual por ocasião do caso Dreyfus: "(...) E é preciso esperar o caso, portanto, para que um grupo de homens e mulheres retomem o adjetivo, virem, invertam seu sentido e façam dele, não apenas um nome, mas um título de glória e um emblema. Somos os intelectuais... O partido dos intelectuais...". No dia 14 de janeiro de 1898, Georges Clemenceau lança o "Manifesto dos Intelectuais" a favor de Dreyfus. Deslinda Bernard-Henry Lévy[38] o papel dos intelectuais: "(...) Foi preciso essa conjunção de

---

35 Paul Gordon Lauren. *The Evolution of International Human Rights:* Visions Seen. Filadélfia: University of Pennsylvania Press, 2011, p. 81.

36 Supplément n. 128 D'Hommes et Libertés, *Revue de la Ligue de Droit de L'Homme*, 2004, p. 12.

37 Bernard-Henry Lévy. *Aventuras da Liberdade:* uma história subjetiva dos intelectuais. Tradução de Paulo Neves. São Paulo: Companhia das Letras [1991] 1992. p. 61. Para uma análise mais detalhada dos intelectuais no caso Dreyfus: Vincent Duclert. *De l'engagement des savants à l'intellectuel critique: Une histoire intellectuelle de l'affaire Dreyfus.* Réflexions Historiques vol.24, n. 1 p 25-62 http://www.jstor.org/stable/412299106. Acesso: 25.set.2017.

38 Bernard-Henry Lévy, op. cit., p. 62.

forças para que homens tivessem a audácia – inédita na história da inteligência – de se proclamar os intermediários entre o mundo e o universal. O intelectual esse padre".

Durkheim, no ano de 1896, faz um discurso na Faculdade de Letras de Bordeaux (onde era professor de Ciências Sociais) defendendo a inocência de Dreyfus[39] e engaja-se na LDH, desde o início de sua criação, sendo o primeiro secretário geral da Liga, em Bordeaux. Foi como intelectual, buscando ser um intermediário entre o mundo e o universal, que publicou o artigo "O individualismo e os intelectuais" na *Revue Bleue* no dia 1º de julho de 1898, em resposta ao artigo "Aprés le Process" do escritor católico conservador Ferdinand Brunetière. Nesse artigo, Durkheim apresenta pela primeira vez a expressão *a sacralidade da pessoa*. Afirma o autor:

> A pessoa humana, cuja definição é como a pedra de toque por meio da qual o bem se distingue do mal, é considerada sagrada por assim dizer, no sentido ritual do termo. Ela possui alguma coisa dessa majestade transcendente que as igrejas de todos os tempos emprestam a seus deuses; concebemo-la como investida dessa propriedade misteriosa que cria um vazio em torno das coisas santas, que as subtrai aos contatos vulgares e as retira da circulação comum. É precisamente daí que vem o respeito que se lhe destina.[40]

No trecho a seguir, Durkheim[41] esclarece a relação entre o individualismo – por ele defendido – e a Declaração de 1789:

---

[39] Informação obtida em Jean Claude Filoux. *Emile Durkheim (1858-1917)*. Supplément n. 128 D'Hommes et Libertés, *Revue de la Ligue de Droit de L'Homme*. (2004), p. 25-6.
[40] Émile Durkheim. *O individualismo e os intelectuais* (edição bilíngue e crítica). Organização e edição Márcia Consolim, Márcio de Oliveira e Raquel Weiss. São Paulo: EDUSP, 2016, p. 45.
[41] Émile Durkheim, op. cit., p. 42-3.

Mas existe outro individualismo que é mais difícil de ser vencido. Ele é professado, há um século, por uma diversidade de pensadores bastante grande: o de Kant e de Rousseau, o dos espiritualistas, o que a Declaração dos Direitos do Homem tentou com mais ou menos sucesso traduzir em fórmulas, o que se ensina correntemente nas escolas e tornou-se a base de nosso catecismo moral.

Essa moralidade à qual Durkheim faz referência deve ser considerada como uma "religião da humanidade". Nesse sentido proclama o autor:

> (...) Qualquer um que atente contra a vida de um homem, sua liberdade ou sua honra provoca-nos um sentimento de horror, exatamente análogo àquele que experimenta o crente que vê seu ídolo ser profanado. Tal moral não é simplesmente uma disciplina higiênica ou uma sensata economia da existência, mas uma religião em que o homem é, ao mesmo tempo, o fiel e o Deus.

É importante lembrar – como ensina Lafer[42] – que:

> A Revolução Francesa e o ineditismo da Declaração de 1789 se viram cercados de um entusiasmo de maior irradiação política que a Revolução Americana. Foram um modelo ideal para todos os que combateram pela própria emancipação. Para isso contribui a *libertas* antecedendo a *potestas*, que fez a relação política ser considerada não mais *ex parte principis*, mas, sim, *ex parte civium*, ou seja, como a expressão, numa democracia, da soberania dos cidadãos.

---

[42] Celso Lafer. 'Norberto Bobbio: A Era dos Direitos", uma apresentação em *A Internacionalização dos Direitos Humanos*. Constituição, Racismo e Relações Internacionais. Barueri: Manole, 2005, p. 130.

"Os intelectuais e o individualismo" foi uma narrativa que, ligando-se aos ideias da Declaração dos Direitos do Homem e do Cidadão (1789), afirmou a integridade física e psíquica da pessoa e – um aspecto fundamental de ser ressaltado – essa asserção só foi possível por ter sido expressa por intermédio de um intelectual ancorado na ideia de "soberania dos cidadãos".

Em relação ao "sagrado", lembro que, na minha tese de doutorado (2000) intitulada *Não Violência: Princípio do Direito Internacional dos Direitos Humanos*, afirmei o quanto segue (p. 60): "A noção de sagrado é definida de forma negativa: sagrado é o que não deve ser profanado, atingido, danificado; vale dizer, o que não pode ser objeto de violência. Concluindo, sagrado é algo que possui uma aura de não violência".

Sagrado é uma palavra polissêmica. Um dos seus sentidos é o imaculado, o que não pode ser objeto de violência, como exemplo concreto: a pessoa.

A percepção da sacralidade da pessoa indica uma mudança de mentalidade em relação a ela, que tem como um de seus marcos históricos a abolição da tortura como meio de prova, no século XVIII. A partir de então, a pessoa humana – segundo a definição de Miguel Reale[43] – torna-se "o valor fonte de todos os valores". Dito de outro modo, a proteção da pessoa é o requisito para a existência de valores. Esclarece Reale: "O homem é a fonte de todos os valores porque é inerente à sua essência valorar, criticar, julgar tudo aquilo que lhe é apresentado, seja no plano da ação ou no do conhecimento".

É importante lembrar que nas relações jurídicas pré-modernas o reconhecimento da pessoa – enquanto sujeito, e não objeto – está

---

[43] Miguel Reale. *Experiência e Cultura*. 3ª edição. São Paulo: Saraiva, 1983, p. 196.

ligado a seu pertencimento a um determinado estamento. De modo que os direitos e deveres individuais são definidos no âmbito da "estrutura social de cooperação". O que, em termos práticos, significa que nem todo indivíduo era reconhecido como pessoa.

A partir do advento do direito moderno, o sistema jurídico sofreu uma transformação, e os direitos desvincularam-se do estamento ao qual o ser humano pertencia. Vigorando – a partir de então – o postulado da inadmissibilidade de nenhuma forma de exceção ou privilégio, é possível definir, de forma sintética, o Direito Moderno Ocidental como: "expressão dos interesses universalizáveis de todos os membros da sociedade".[44]

A Declaração dos Direitos do Homem e do Cidadão (1789) foi o documento histórico que marcou a transformação do Direito em um novo e independente padrão de reconhecimento, da pessoa – enquanto indivíduo – como sujeito de direito.

1.1.2 Indivíduo, Pessoa, Sujeito de Direito

> Assim nasce com a pessoa uma outra espécie de justiça, mais completa e mais rica, porém situada acima de todo limite imposto por uma moral social ou política ou pelo direito, e que obtém na universalidade de um princípio de vida individual a fonte de um valor absoluto.[45]

Como vimos anteriormente, para os pré-modernos o direito dos seres humanos estava ligado à sua posição estamental. Foi no âmbito do direito natural racional que o conceito de pessoa, como indivíduo, ocupou um lugar central na história do Direito Ocidental.

---

[44] Paul Ricoeur. *Parcours de la Recoinaissance: Trois études.* Paris: Gallimard Folio Essais nº 459, 2007, p. 310-1.

[45] Jean-Marc Trigeaud. "La personne". In: *Le Sujet de Droit. Archives de Philosophie du Droit Tome 34.* Paris: Editions Sirey (1990), p. 103-21, p. 120.

É o que esclarece José Reinaldo de Lima Lopes:[46]

> O indivíduo segundo o jusnaturalismo, antes de qualquer condição, aparecia como portador de um direito, uma faculdade natural e moral, da qual se poderiam derivar consequências jurídicas. O ser humano individual determinado empiricamente (um ser de necessidades), o indivíduo natural passaria a ser o início, o ponto de partida do pensamento jurídico ocidental moderno.

Esse "indivíduo natural" é o homem enquanto ser autônomo desligado de qualquer vínculo social ou político. O "individualismo como ideologia" é característica marcante e diferencial da sociedade ocidental. Diversamente de outras sociedades, como a hindu e a africana, consideradas holísticas. A esse respeito, temos o comentário de Louis Dumont:

> Assim, quando falamos de um indivíduo, designamos duas coisas de uma só vez: um objeto fora de nós e um valor. A comparação nos obriga a distinguir analiticamente esses dois aspectos: de um lado, o sujeito empírico falante, pensante e desejante, uma amostra individual da espécie humana, tal como é encontrada em todas as sociedades, e de outro, o ser moral independente, autônomo e por conseguinte não social, que traz os nossos valores supremos e se encontra em primeiro lugar em nossa ideologia moderna do homem e da sociedade. Deste ponto de vista, há duas espécies de sociedades. Onde o indivíduo é o valor supremo, eu falo do individualismo; no caso oposto, onde o valor se encontra na sociedade como um todo, eu falo do holismo.

---

[46] José Reinaldo de Lima Lopes. *As Palavras e a Lei. Direito, Ordem e Justiça na História do Pensamento Jurídico Moderno.* São Paulo: Editora 34/EDESP, 2004 (Coleção Direito/GV), p. 159.

Referida ideologia tem suas raízes históricas na Revolução Francesa que, como um de seus primeiros atos da "Revolução do Direito" que teve lugar na noite de 4 de agosto de 1789, decretou a abolição dos privilégios da nobreza, com fundamento em dois princípios: 1) o individualismo e 2) a igualdade de direitos.[47]

No livro *Direitos Humanos: Uma História*, a historiadora norte-americana Lynn Hunt indica que o surgimento do conceito de indivíduo está relacionado à mudança de atitudes e mentalidades que transformaram a forma de pensar e agir dos homens e mulheres em relação a si próprios e aos outros. Tais mudanças têm seu início no século XIV e "assinalavam o advento do indivíduo fechado em si mesmo, cujas fronteiras tinham de ser respeitadas na interação social. A compostura e a autonomia requeriam uma crescente autodisciplina".

O "indivíduo fechado em si mesmo" será essa a definição mais próxima de pessoa para o Direito. A pessoa capaz de agir transforma-se em sujeito e a pessoa que exercita um direito em sujeito de direito.

A pessoa assemelhada ao indivíduo é una e singular, uma vez que "indivisa", todavia é semelhante a outros, indivíduos indivisos também... É o Direito – enquanto esfera garante da identidade – que converte a pessoa em sujeito, com a expressa proibição de que seja tratado como um objeto.[48] O ser humano é definido como sujeito por obra e graça de um dogma do Direito. Lapidar o ensinamento de Supiot:

> As noções de sujeito e de objeto, de pessoa e de coisa, de espírito e de matéria se definem por oposição mútua. Uma não é concebível sem a outra e jamais a ciên-

---

[47] Jean Marie Carbasse. *Histoire du Droit*. Paris: PUF, 2010, Coleções "Que sais Je?", p. 110.
[48] Alain Supiot. *Homo Juridicus: Ensaio sobre a função antropológica do Direito*. Tradução Maria Ermantina de Almeida Prado Galvão. São Paulo: WMF Martins Fontes ,[2005] 2007, p. 15.

cia positiva poderia ter nascido sem elas. Cumpre realmente postular que o homem é um sujeito capaz de razão para que a ciência seja possível e essa definição do ser humano não resulta de uma demonstração científica, mas de uma afirmação dogmática; é um produto da história do Direito e não da história das ciências.[49]

Importa esclarecer que o Direito enquanto padrão de reconhecimento é um processo de "mão dupla". Deve-se reconhecer o valor universal da norma e a singularidade inerente a todos as pessoas integrantes de uma sociedade, identificando cada pessoa como livre e igual, perante outras. A estrutura dual do Direito está relacionada à ligação existente entre ampliação dos direitos reconhecidos às pessoas pela norma e o enriquecimento das capacidades dos sujeitos graças ao reconhecimento recíproco. Dito de outro modo, o reconhecimento: a) da validade em relação às normas; e b) da capacidade em relação aos sujeitos.[50]

A discussão a respeito do sujeito de direito – brevemente apresentada – será retomada na Parte II deste estudo.

1.1.3 Narrativa e Juízo Reflexivo em Durkheim

A narrativa é o gênero literário para objetificação do valor.[51]

Ao propor a transformação de pessoa em uma "coisa sagrada", no texto os "Intelectuais e o Individualismo" (1898), Durkheim refere-se à pessoa que de todo – de forma contrária ao Direito – é diversa do conceito de indivíduo. Em relação a essa questão, é valiosa a elucidação de Joas[52]:

---

49   Alain Supiot, op.cit., p. 13.
50   Paul Ricoeur, op.cit., p. 310-1.
51   Robert M. Cover, op. cit., p. 54.
52   Hans Joas, op.cit., p. 84.

O conceito de pessoa – em distinção ao conceito de indivíduo – tem a vantagem adicional de não poder ser entendido como antônimo de sociedade (ou comunidade). Nele está embutido, muito antes, uma referência à socialidade necessária do indivíduo e a um tipo específico da vida social, do qual a personalidade de cada indivíduo é constitutiva.

Uma conclusão semelhante apresenta Jean-Claude Filloux[53] ao constatar que a transformação da pessoa em uma "coisa sagrada" possibilita a Durkheim a concretização de seu projeto teórico original da elaboração de uma sociologia: harmonizadora do individualismo e socialismo.

É oportuna a reflexão de Arendt a respeito da geração do poder como agir conjunto: "(...) o poder surge apenas onde as pessoas agem em conjunto, mas não onde as pessoas se fortalecem como indivíduos. (...)[54]

Considerar a pessoa como sagrada significa dizer que a pessoa deve estar envolta em uma "aura de não violência" e transformada "na única convicção moral que possa unir os homens de uma sociedade moderna".[55] De modo que a sacralidade possibilita a interdição de todo tipo de violência contra a pessoa e o respeito que é devido à pessoa no âmbito da sociedade.

No século XIX e início do XX o conceito de sagrado foi usado em diversos contextos diferentes do religioso, como na Declaração dos Direitos do Homem e do Cidadão: "Artigo 17: Sendo a propriedade um

---

53 Jean-Claude Filloux. *Personne et sacré chez Durkheim.* Archives de sciences sociales des religions 35 année, n. 69, Relire Durkheim (Jan-Mar, 1990) p 41-53 <http://www.jstor.org/stable/30114715> Acesso: 25.set.2017.

54 Hannah Arendt. *Homens em Tempos Sombrios.* São Paulo: Companhia das Letras,[1968] 2008. Tradução Denise Bottmann, p. 31.

55 Jean Claude Filloux, op.cit., p. 45.

direito inviolável e <u>sagrado</u>, ninguém pode ser dela privado, a não ser quando a necessidade pública, legalmente verificada, o exigir de modo evidente, e sob a condição de uma justa e prévia indenização".

Indica Becker[56] a propósito do Tratado de Versalhes (1919): "O artigo 229 do tratado previa o julgamento de Guilherme II diante de um tribunal internacional 'por ofensa suprema à moral internacional e à autoridade sagrada dos tratados' devido à violação da neutralidade belga".

Vale lembrar que, de acordo com Joas, o sagrado, enquanto um valor, apresenta as seguintes características: 1) a certeza subjetiva; 2) a percepção da evidência; e 3) uma intensidade afetiva[57].

Joas[58] esclarece duas peculiaridades principais de uma "comunicação a respeito de valores". A primeira característica é que o comprometimento com um determinado valor ocorre, de forma semelhante, a uma determinada pessoa. Nesse sentido, é impossível falar a respeito de um valor fazer referências a sentimentos e experiências. A segunda característica está relacionada com a questão da "the necessary narrativivity of a comunication about values"[59]. Em relação a esse tópico afirma Joas[60] :

> Não podemos tornar plausível e defender nossos comprometimentos com valores sem contar estórias – estórias a respeito das experiências por meio das quais nosso comprometimento surgiu, estórias a respeito

---

[56] Jean-Jacques Becker. *O Tratado de Versalhes*. Tradução de Constancia Egrejas. São Paulo: [2002] 2011; Editora Unesp, p. 59.

[57] Hans Joas, op.cit., p. 247.

[58] Hans Joas. *Value Generalization: Limits and Possibilities of a Communication About Values*. Zeitschirifit fur Wirtschafts-und Unternehmensethik, v. 9, nº 1, p. 88-96; p. 89-90.

[59] Em português não existe tradução para "narrativity", de forma que optei por deixar a citação no original.

[60] Hans Joas, op. cit., p. 91.

das experiências de outras pessoas ou a propósito das consequências que a violação de nossos valores teve no passado. A narração biográfica, histórica e mitológica nesse sentido não é apenas uma questão de ilustração com propósitos didáticos, mas uma parte necessária de nossa auto compreensão e da nossa comunicação a respeito de valores.

Conforme anteriormente apresentado, o livro *A Sacralidade da Pessoa* é escrito para confirmar a tese exposta em *The Genesis of Values*, livro no qual o autor elucida que o início do processo de surgimento de um valor ocorre por meio de uma narrativa. É importante enfatizar que a sacralidade da pessoa é considerada por Joas um valor, e que o início da gênese de um valor é sustentado por uma narrativa, ideia diversa de Max Scheler (filósofo alemão) e – no Brasil – de Miguel Reale, que consideram o valor um objeto cultural, que se manifesta no processo histórico. Refiro-me aqui ao historicismo axiológico de Miguel Reale. A perspectiva histórica também está presente na obra de Joas, e o que a diferencia do historicismo axiológico de Reale é a imprescindibilidade de uma narrativa para a emergência de um valor.

Após o advento de um valor – por meio de uma narrativa –, Joas[61] sugere que sua estabilização na sociedade é resultado de um triângulo, composto de três vértices: 1) a fundamentação argumentativa por meio de narrativas que fazem referência a determinado valor; 2) o trabalho das instituições e a elaboração de normas; e 3) as práticas da vida cotidiana que tornam possível a experiência vivencial de um valor na vida cotidiana de cidadãs e cidadãos. Com referência ao processo da sacralização da pessoa, Joas[62] esclarece:

---

61 Hans Joas, op.cit., p. 275 .
62 Ibid., p. 275.

(...) nos termos do triângulo composto de práticas, valores e instituições, a estabilização das conquistas alcançadas no processo de sacralização da pessoa só poderá ser bem-sucedida se acontecerem três coisas. (...) No âmbito dos valores, trata-se da fundamentação argumentativa da pretensão da validade universal, que, no entanto – como se pretendeu mostrar aqui –, não será possível sem que seja permeado com narração.

Importa observar que o artigo "Os Intelectuais e o Individualismo" foi a narrativa por meio da qual se apresentou a defesa da pessoa. Pessoa que, no caso em tela, está corporificada no Capitão Dreyfuss. A solidariedade a Dreyfuss é o motivo ensejador do juízo reflexivo de Durkheim. Esclarecedor o comentário de Lafer[63]:

> (...) A solidariedade, observa Hannah Arendt, pode ser suscitada pelo sofrimento, mas não é guiada por ele. É ela que permite compreender o forte e o rico não menos que o fraco e o pobre. Comparada com a piedade, ela pode parecer fria e abstrata, porque está ligada a "ideias" e não ao "amor" pelo homem; comparada com a compaixão ela pode parecer inautêntica. Entretanto, é a solidariedade que enseja a condição de possibilidade do juízo reflexivo, pois a piedade requer o infortúnio, e a compaixão perde a percepção da singularidade no turbilhão da alma dividida entre o oceano do sofrimento externo e o mar de emoções internas.

A parte III do livro *A Reconstrução dos Direitos Humanos: Um diálogo com o pensamento de Hannah Arendt* é intitulada: "O juízo reflexivo como fundamento da reconstrução dos direitos humanos".

---

[63] Celso Lafer. *A Reconstrução dos Direitos Humanos: Um diálogo com o Pensamento de Hannah Arendt.* São Paulo: Companhia das Letras, 1988, p. 271.

Nesse texto final, que, apesar de longo, permito-me citar, Lafer conclui o quanto segue:

> Creio que, finalizando, cabe uma derradeira observação sobre o alcance filosófico e a intenção política do argumento exemplar, tal como proposto por Hannah Arendt e utilizado neste trabalho, com o objetivo de indicar, fundamentando, os caminhos para a reconstrução dos direitos humanos.
>
> Hannah Arendt, em mais de uma ocasião, chamou a atenção para a existência de uma tensão entre a filosofia e a política. Essa tensão, que numa conferência de 1954 ela qualificou de abismo, teve seu marco histórico no processo e na condenação de Sócrates, pois não foi ele capaz de persuadir os seus juízes de sua inocência e méritos. Daí, a partir de Platão, o problema do relacionamento entre a filosofia e a política, do qual deriva a hostilidade de toda uma tradição filosófica diante das incertezas do concreto, inerentes à *vita activa*. É isso que explica por que essa tradição colocou a palavra de alcance filosófico fora e acima da esfera pública.
>
> Hannah Arendt, que não se considerava uma filósofa, mas uma teórica da política, contestou essa tradição, como foi visto no correr deste trabalho. Contestou-a, no entanto, procurando transpor o abismo entre o alcance filosófico e a intenção política, ao conferir aos exemplos, objeto na sua especificidade dos juízos reflexivos, uma universalidade, e acreditando que, apesar da ruptura, através de exemplos: "onde do conceito há maior lacuna/palavras surgirão na hora oportuna".

Defendo a ideia de que o Caso Dreyfus é o exemplo histórico no qual Durkheim fundamentou seu juízo reflexivo. Mais do que isso, penso que o juízo reflexivo de Durkheim transformou a sacralidade da pessoa em uma ideia moral de abrangência universal.

Importa elucidar que o juízo reflexivo é apenas possível em um espaço público. No caso de Durkheim, a comunidade política na qual ele estava inserido era constituída de "um mínimo de filia aristotélica e no qual a categoria central da política não se resumia a uma relação amigo-inimigo[64]". Lapidar o ensinamento de Bethania Assy[65]:

> (...) Seguindo essa linha de raciocínio, a pluralidade já figura como a própria possibilidade desse "espaço-entre", seja no mundo objetivo dos artefatos, seja nas palavras e feitos intersubjetivos dos sujeitos. A faculdade de julgar ocupa uma posição limiar nesse duplo *espaço-entre*: transpõe a alteridade tal como constituída no pensamento reflexivo para o nível mais concreto das interações, o domínio público das relações humanas – o político.

A comunidade política dos *dreyfusards* propiciou a Durkheim uma escuta acolhedora que tornou viável o florescimento de uma revelação. Nesse sentido, importante lembrar que, para Hannah Arendt, o engendramento do poder é fruto da ação conjunta de homens e mulheres e, por meio do discurso, a revelação de cada indivíduo em sua singularidade torna-se possível. De forma que a ação não violenta é o único modo de ação que viabiliza o di-

---

[64] "De fato, não há bom senso nem senso de um mundo comum sem um mínimo de filia cívica, e esta não pode surgir quando a relação amigo-inimigo, no plano político, se vê exacerbada." Celso Lafer. *A Reconstrução dos Direitos Humanos: Um diálogo com o Pensamento de Hannah Arendt*. São Paulo: Companhia das Letras, 1988, p. 286.

[65] Bethania Assy. *Ética, Responsabilidade e Juízo em Hannah Arendt*. São Paulo: Perspectiva, Instituto Norberto Bobbio, 2015, p. 148.

álogo entre pessoas. A ausência da violência é imprescindível já que, na atividade humana da ação, o objetivo não é alcançar uma determinada meta, mas a descoberta de um "norte" comum como elemento aglutinador.

O raciocínio de Lafer[66] a propósito da intenção de Arendt, ao examinar a faculdade do juízo, é elucidativo:

> Diz ela que o motivo pelo qual pretendia examinar o juízo como faculdade independente da mente prendia-se à sua convicção de que não se chega a um juízo sobre o particular por meio das operações lógicas de dedução ou indução. Não se trata, portanto, da razão prática que se manifesta pela voz da consciência (a de Deus ou a expressa pela Razão), pois esta não julga, mas nos diz o que fazer ou não fazer, ou do que arrepender-se. O que ela queria buscar era o "sentido silencioso" – o gosto – que sempre foi tido, inclusive por Kant, como algo que pertence ao domínio da estética; ou seja, o juízo reflexivo e não determinante – um dom que pode ser exercido mas não ensinado. Esse dom de lidar com a especificidade é algo que necessita o "eu pensante" para se situar nos particularismos do mundo.

De acordo com Arendt, são três os aspectos do juízo: 1) *Sensus communis*; 2) mentalidade alargada; 3) posição do espectador[67].

Bethania Assy sugere o substantivo "comprazimento" para uma melhor compreensão do *sensus communis*. Comprazimento, uma palavra da língua portuguesa quase intraduzível, é um substanti-

---

[66] Celso Lafer. *A Reconstrução dos Direitos Humanos: Um diálogo com o Pensamento de Hannah Arendt*. São Paulo: Companhia das Letras, 1988, p. 301-2.

[67] Bethania Assy, op. cit., p. 151.

vo resultado do verbo "comprazer" cujos significados são: 1) fazer o gosto, a vontade; 2) sentir prazer, deleitar-se.

Na circunstância de Durkheim, o acontecimento em tela o afeta, uma vez que é contrário a toda a sua forma de pensar a organização da sociedade, portanto, é plausível imaginar o contentamento que lhe trouxe a elaboração da resposta a Brunetiére. Nesse ângulo[68]: "O comprazimento exprime, em realidade, o ser afetado por satisfações desinteressadas, as quais não promovem proveitos ou interesses pessoais. O *sensus communis* nos imprime uma existência intersubjetiva, e nos afeta com satisfação e impulso de vida".

Para Durkheim, o juízo reflexivo operava de forma prospectiva (apontando para o futuro), uma vez que Durkheim tomava uma posição militante de forma explícita. E, simultaneamente, Durkheim aparece como um espectador no papel de um cientista social que toma distância do caso para refletir a respeito dele. Significativo observar que o nome do capitão Dreyfus não é citado. O que transforma o artigo em um clássico, válido para diversas situações em que a "sacralidade da pessoa" seja ameaçada.

Semelhante conclusão no sentido de "O individualismo e os intelectuais" ser um texto científico e militante é dos organizadores[69] de uma edição bilíngue e crítica do artigo em tela.

> (...) É por isso que, nesse texto, que tem um caráter propositivo e cientificamente engajado, a sociologia de Durkheim mantém-se como elemento que sustenta todas as suas posições. Isso resulta em uma argumentação bastante original, a qual consiste em dizer que o

---

[68] Ibid., p. 163.
[69] Émile Durkheim. *O individualismo e os intelectuais*. Edição bilíngue e crítica, organização e edição Marcia Consolim, Márcio de Oliveira, Raquel Weiss. São Paulo: EDUSP, 2016, p. 18.

ideal humano é uma criação social, e que, não obstante a fragilidade desse fundamento, trata-se do único ideal possível para evitar aquilo que seus detratores pensavam combater, isto é, um estado de caos e anomia.

Esclarece Celso Lafer a discussão existente entre os "arendtianos" sobre a possibilidade de o juízo reflexivo ser prospectivo ou não:

> Estudiosos de Arendt discutiram em muitas oportunidades ao longo dos anos se o julgamento reflexivo é *prospectivo* e, como tal, uma faculdade que pertence ao *ator*, que julga a novidade em situações concretas, ou ao *espectador* e pode ser compartilhado com os demais espectadores que não são atores e podem entender o significado do todo.

Não é o caso de participar dessa discussão... Mas creio que é importante a indicação de exemplos concretos de juízos reflexivos. Um exemplo brasileiro de juízo reflexivo, no qual seu autor é um ator político e foi capaz de tomar distância em relação ao fato vivenciado, é "Carta aos Brasileiros" (1977), de Goffredo Telles Jr.

O segundo requisito do juízo reflexivo é a "mentalidade alargada", que é o exercício de uma peculiar forma de pensar, não situada apenas e tão somente no sujeito cognoscente, sendo capaz de vislumbrar a forma pela qual os outros – diferentes de nós – pensam, e também elucidam nosso "lugar no mundo". Em relação a esse tópico, afirma Bethania Assy[70]:

> O pensamento alargado também não elimina divergências, nem conflitos; em vez disso assegura e revela nossa singularidade, na medida em que aponta como

---

70 Bethania Assy. *Ética, Responsabilidade e Juízo em Hannah Arendt*. São Paulo: Perspectiva, Instituto Norberto Bobbio, 2015, p. 174.

nos posicionamos no espaço público, com o que nos indignamos, como nos deixamos afetar pelo outro.

Essa qualidade do pensamento está diretamente relacionada com a imaginação. É o que afirma Arendt[71]: "Pensar com uma mentalidade alargada significa que uma pessoa treina sua própria imaginação para sair em visita (comparável ao direito de visita da Paz Perpétua de Kant)". De acordo com Lafer[72], o "sair em visita" tem como objetivo conversar com distintas perspectivas para considerar e ponderar como diferem da nossa própria.

Impossível saber se a utilização do Caso Dreyfus como exemplo foi um ato intencional de Durkheim. Todavia, creio ser essa uma das possibilidades de leitura do artigo. É oportuno recordar que a luta a favor da sacralidade da pessoa foi o que levou à criação da Liga dos Direitos do Homem e transformou a luta dos *dreyfusards* em um exemplo a ser seguido em outras lutas na comunidade internacional... Em pleno século XXI, ao analisarmos retrospectivamente o texto "Os intelectuais e o individualismo", a exemplaridade histórica do caso salta aos olhos e a ação militante da Liga dos Direitos do Homem (www.ldh-france.org) continua presente.

O exemplo possibilita a generalização do juízo reflexivo. Seguindo essa percepção, afirma Lafer:[73] "(...) Assim como os esquemas permitem a cognição, assim também os exemplos guiam e conduzem a generalização dos juízos reflexivos, pois se supõe que são particulares no qual se contém uma regra geral".

O artigo em tela é uma reação a uma situação de injustiça, exer-

---

[71] Hannah Arendt. *Lições sobre a Filosofia Política de Kant*. 2ª ed. revista e ampliada. Ronald Beiner (ed.). Rio de Janeiro: Relume Dumará, [1982] 1994, p. 45.

[72] Celso Lafer. "Experiência, Ação e Narrativa: Reflexões sobre um curso de Hannah Arendt". *Revista Estudos Avançados* (USP) nº 21 (60), 2007, p. 289-304; p. 300.

[73] Celso Lafer. *A Reconstrução dos Direitos Humanos: Um diálogo com o Pensamento de Hannah Arendt*. São Paulo: Companhia das Letras, 1988, p. 304.

cendo uma função de réplica no transcurso do debate público. Mostrando a adequação de meu argumento, é pertinente o comentário de Assy[74]:

> (...) Ser afetado por um sentimento de injustiça, acredito, é uma das formas mais fortes de passagem do escopo da generalidade do julgamento para sua experiência particular mais factual. O juízo crítico nos afeta na experiência da injustiça. A partilha comum das injustiças nos impulsiona à contestação política. Aqui a constituição do sujeito e a ação política operam uma espécie de simetria ontológica.

O exemplo, no contexto da proposta teórica do juízo reflexivo em Hannah Arendt, deve ser usado da forma mais ampla possível, uma vez que atua como um sustentáculo do juízo reflexivo. Importa ter claro que, para a teoria política de Arendt, acontecimentos históricos transformados em exemplos são adequados, posto que seu objetivo é uma proposta teórica ancorada no conhecimento que surge da experiência existencial. Esclarece Lafer[75]:

> A validade exemplar em Hannah Arendt não se cinge a objetos estéticos ou indivíduos que são paradigmas de certas virtudes, mas estende-se a eventos do passado que carregam um significado que vai além do mero acontecimento, como aponta Maurizio Passarin d'Entrèves (200, p.251). São, assim, um apoio do juízo. Daí a importância da narratividade, pois ela se propôs, como observa Ronald Beiner, uma teoria política a partir de

---

[74] Bethania Assy. *Ética, Responsabilidade e Juízo em Hannah Arendt*. São Paulo: Perspectiva, Instituto Norberto Bobbio, 2015, p. 193.

[75] Celso Lafer. "Experiência, Ação e Narrativa: Reflexões sobre um curso de Hannah Arendt". *Revista Estudos Avançados* (USP) nº 21 (60), 2007, p. 289-304; p. 299.

estórias e experiências, e não dos precários universais de leis gerais do processo histórico.

De acordo com Hans Joas, o início da gênese histórica de um valor, na vida social, ocorre por meio da elaboração de uma narrativa. Penso ser importante complementar essa tese de Joas, uma vez que, a meu juízo, não é toda e qualquer narrativa que torna possível a emergência de um valor. Mas a narrativa usada como embasamento de um juízo reflexivo. É o que o artigo "Os Intelectuais e o Individualismo" indica e sugere.

1.2) Missão Sagrada da Civilização

No ano de 2017, a Organização das Nações Unidas (ONU) tinha entre seus membros efetivos 193 países. Todos reconhecidos como Estados soberanos. Por volta de 1875, a comunidade internacional era bem mais reduzida. Considerados Estados soberanos havia dezessete na Europa (seis "potências": Grã-Bretanha, França, Alemanha, Rússia, Áustria-Hungria, Itália e o Império Otomano), dezenove nas três Américas; quatro ou cinco na Ásia (Japão e dois antigos impérios: chinês e persa). No continente africano, três: Marrocos, Etiópia e Libéria. O total máximo era de quarenta e quatro Estados soberanos[76].

Na segunda metade do século XIX e início do século XX , diversos de seus governantes proclamavam-se "imperadores". Entre esses autonomeados imperadores é possível elencar: Alemanha, Áustria, Rússia, Turquia, Grã-Bretanha (no continente europeu); China e Japão (na Ásia); e Etiópia e Marrocos (esclarece Hobsbawm que o sultão do Marrocos preferia o título de "rei") na

---

[76] Eric J. Hobsbawn. *A Era dos Impérios: 1875-1914*. 10ª edição. Tradução de Sieni Maria Campos e Yolanda Steidel de Toledo. São Paulo: Paz e Terra, [1988] 2016, p. 44.

África; e o Brasil na América do Sul. Tais impérios (com exceção do Brasil) exerciam seu poder diretamente sobre outros países, considerados então colônias. A situação do continente africano é ilustrativa da colonização. É o que descreve Hobsbawm[77]: "(...) por volta de 1914, a África pertencia inteiramente aos impérios britânico, francês, alemão, belga, português e, marginalmente, espanhol, à exceção da Etiópia, da insignificante Libéria e daquela parte do Marrocos que ainda resistia à conquista completa".

O império é a forma pela qual um Estado, juridicamente reconhecido como tal, usurpa e controla o poder político (potencialmente soberano) de um determinado povo, não reconhecido como Estado pela comunidade internacional. É o que elucida Michel Doyle[78]:

> O império é uma relação, formal ou informal, em que um Estado controla a soberania política efetiva de outra sociedade política. Ele pode ser alcançado pela força, pela colaboração política, por dependência econômica, social ou cultural. O imperialismo é simplesmente o processo ou a política de estabelecer ou manter um império.

A distribuição das mais diversas colônias entre um pequeno número de países foi constitutiva do processo de colonização e é descrita por Hobsbawm[79] da seguinte forma:

> Essa repartição do mundo entre um pequeno número de Estados, (...) foi a expressão mais espetacular da crescente divisão do planeta em fortes e fracos,

---

[77] Eric J. Hobsbawn. *A Era dos Impérios: 1875-1914*. 20ª edição, Tradução de Sieni Maria Campos e Yolanda Steidel de Toledo. São Paulo: Paz e Terra, [1988] 2016, p. 94.

[78] Michel W.Doyle. Empires Ithaca: Cornell University Press, 1986, p. 45.

[79] Eric J. Hobsbawn, op. cit., p. 97.

em "avançados" e "atrasados", que já observamos. Foi também notavelmente nova. Entre 1876 e 1915, cerca de um quarto da superfície do globo foi distribuído ou redistribuído, como colônia, entre meia dúzia de Estados. A Grã-Bretanha aumentou seus territórios em cerca de 10 milhões de quilômetros quadrados, a França em cerca de 9, a Alemanha conquistou mais de 2 milhões e meio, a Bélgica e a Itália pouco menos que essa extensão cada uma. (...)

Edward W. Said apresenta uma definição do processo histórico do Colonialismo diretamente ligada à política imperial. Afirma Said[80]:

Usarei o termo "imperialismo" para designar a prática, a teoria e as atitudes de um centro metropolitano dominante governando um território distante; o "colonialismo", quase sempre uma consequência do imperialismo, é a implantação de colônias em territórios distantes.

Simultaneamente aos fenômenos históricos do imperialismo e colonialismo, outros acontecimentos integravam a agenda política internacional e atuavam como "fonte material" na fase inicial do processo de internacionalização dos direitos humanos. Nessa direção, afirma Lafer[81]:

Assim, por exemplo, no século XIX, cabe lembrar o empenho na proibição do tráfico de escravos, fruto da ação inglesa e da esquadra britânica, voltada para a abolição da escravatura, como uma instituição incompatí-

---

[80] Edward W. Said. *Cultura e Imperialismo*. Tradução de Denise Bottmann. São Paulo: Companhia das Letras, [1993], 2011, p. 42.

[81] Celso Lafer. "A Internacionalização dos Direitos Humanos: O desafio do direito a ter direitos". *Revista do Tribunal Regional Federal* (nº 75) janeiro-fevereiro, 2006. p. 37-54; p. 43.

vel com a modernidade política e econômica. Como se sabe, esse foi um dos grandes temas da agenda diplomática do Brasil-Império no seu relacionamento com a Grã-Bretanha. Outro exemplo é o da intervenção da humanidade, ou seja, a intervenção da humanidade em favor de nacionais de outros estados vítimas de violações flagrantes e atrozes de direitos humanos. Foi o que praticou a Inglaterra em favor dos gregos em 1830.

A fim de ter clareza da forma de pensar que tornou possível a elaboração da DUDH, é relevante compreender o pensamento político-social que tornou possível a presença dos temas relacionados aos direitos humanos na elaboração do Tratado de Versalhes (instrumento jurídico o qual o Pacto da Sociedade das Nações integra), bem como a atuação da SDN referente a essas questões no período de sua duração (1919-1946).

1.2.1 Do Direito Internacional das Nações Civilizadas (1815-1919) ao Direito Internacional da Humanidade (1919-em diante)

> *A criação de significado jurídico – "jurisgênese" ("jurisgenesis") – ocorre sempre através de um ambiente essencialmente cultural[82].*

Os trabalhos de elaboração do Tratado de Versalhes duraram seis meses e foram coordenados por: Woodrow Wilson (presidente norte-americano); David Lloyd George (primeiro-ministro do Império Britânico) e Georges Clemenceau (primeiro-ministro da França). O tratado foi assinado, no dia 28 de junho de 1919, por 27 países (entre eles o Brasil) contendo 440 artigos. O Pacto da

---

82 Robert M. Cover, op. cit., p. 196.

Sociedade das Nações – documento integrante do Tratado – apresentava 26 artigos[83].

O tratado é um marco histórico na periodização do Direito Internacional, uma vez que separa dois períodos: o Direito Internacional das Nações Civilizadas (1815-1919) do Direito Internacional da Humanidade (1919-até o momento presente). A divisão em tela é proposta por Heinhard Steiger[84], que indica quatro períodos, a saber: 1) Direito Internacional da Cristandade (século XIII ao século XVIII); 2) Direito Internacional das Nações Civilizadas (1815-1919), 3) Direito Internacional da Humanidade (1919-até os dias atuais) e 4) Direito Internacional dos Cidadãos do Mundo (em formação).

O nome de cada período está relacionado com a ideia central da mentalidade que o Direito Internacional assumia em cada momento. Essas ideias não eram estanques e permaneciam de uma fase para outra[85]. Para perceber a diferença existente entre o período 2 e o 3 pretendo analisar, de forma sintética, o significado dos conceitos de: nação civilizada e humanidade.

Nação civilizada é um conceito limitado e excludente. Esclarece Steiger[86].

> (...) As nações civilizadas encaram "os povos bárbaros", ou "ignorantes", como se, afinal das contas, fossem apenas capazes de formas limitadas de órgãos governamentais organizados. Apenas as nações civilizadas poderiam

---

[83] Jean-Jacques Becker. *O Tratado de Versalhes*. Tradução de Constancia Egrejas. São Paulo: Editora Unesp, [2002] 2011.

[84] Heinhard Steiger. "From the International Law of Christianity to the International Law of the World Citizen – Reflections on the Formation of the Epochs of the History of International Law". *Journal of the History of International Law (JHIL)* 3: p. 180-93, 2001; p. 183.

[85] Afirma Steiger que: "(...) o termo Respublica Christiana foi usado em tratados até o século XVIII". Heinhard Steiger, op. cit., p. 184.

[86] Heinhard Steiger, op. cit., p. 187.

se organizar na forma de Estados, ter leis e executá-las. Apenas seria possível entre essas nações ter uma lei consensual completa e desenvolvida que estabeleça uma ordem do comum baseada na soberania e na equidade.

Para uma compreensão alinhada ao pensamento jurídico do século XIX, apresento as definições de nação, civilização, civilizado e bárbaro, integrantes do *Dicionário de Direito Internacional Público e Privado*, de Charles Calvo, publicado no ano de 1885.

O dicionário Calvo[87] define nação do seguinte modo:

> Em Direito Internacional, a nação pode ser definida como o conjunto de todos os indivíduos regidos por um mesmo governo, mesmo que eles não integrem o mesmo território. Pois uma colônia, frequentemente distante, situada para além dos mares faz parte do domínio nacional, pois este conjunto é considerado relativamente às outras nações. Da mesma forma que a nação compreende territórios diversos e separados uns dos outros, também pode compreender povos de costume, legislação e línguas diferentes.

A definição de Calvo[88] do conceito de civilização é reveladora:

> A civilização é a resultante da ação recíproca da indústria, das letras, da religião, em uma palavra, de tudo o que pode ter uma influência sobre o espírito dos homens e contribuir ao exercício e para o desenvolvimento dessas faculdades, a satisfação de suas necessidades, e seu bem-estar em geral.

> O Direito Internacional é um dos frutos mais preciosos

---

[87] Charles Calvo. *Dictionnaire de Droit International Public et Privé* (1885). Tome I-II. http://cataloguebnf.fr/ark:/12148/bpt6k5432857z Tome II p.02. Acesso: 12.ago.2017.
[88] Ibid., Tome I p. 148. Acesso: 12.ago.2017.

da civilização, pois ele se tornou uma das bases de organização da sociedade e, em consequência, um elemento essencial da marcha harmônica da humanidade.

A revelação do sentido do adjetivo *civilizada* ilustra a forma de organização do processo colonial. Segue a definição de Calvo[89]:

> (...) As nações civilizadas, por oposição às nações bárbaras ou selvagens.
>
> Pode-se admitir que existe o dever das nações civilizadas de empreender a educação, a direção, em uma palavra a civilização dos povos selvagens, de ampliar cada vez mais o território das nações civilizadas, de constituir autoridades civilizadas no maior número possível de lugares, mas, para atingir esse objetivo, as nações civilizadas não têm o direito de rejeitar as raças selvagens ou bárbaras, de as destruir, ou de usurpar as terras nas quais elas vivem.

A compatibilidade do conceito de humanidade com o conceito de civilização é revelado por Delmas-Marty[90]: "Essa boa consciência civilizadora impregnou tanto os juristas que eles ainda sonhavam, no Congresso de Direito Comparado que aconteceu em Paris (1900) – ano da grande exposição universal –, com um 'Direito da Humanidade Civilizada'".

O adjetivo *humanitário* (como aquele que está preenchido de humanidade) surge no século XVIII. Propiciou seu surgimento um terremoto em Lisboa, no ano de 1755, que destruiu a maior parte da cidade e ocasionou a morte de duas mil pessoas.[91]

---

[89] Charles Calvo. *Dictionnaire de Droit International Public et Privé* (1885) Tome I-II. <http://cataloguebnf.fr/ark:/12148/bpt6k5432857z> Tome II p.148. Acesso: 12 ago. 2017.

[90] Mireille Delmas-Marty. *L'Adieu aux Barbares*. Collection Mercure du Nord (verbatim). Quebec: La Presse Universitaire de Laval, 2007, p.13.

[91] Jean-Christophe Rufin. *L'Aventure humanitaire*. Découvertes Gallimard (Histoire). Paris: 1994, p. 29-30.

Nessa época, um segmento da intelectualidade europeia indica como responsável direto pelo acontecimento as forças sobrenaturais e concluía seu raciocínio dizendo que atos de magia iriam cessar o terremoto.

Indignados com essa afirmação, que destina a história do gênero humano à irracionalidade, os pensadores iluministas concebem o adjetivo *humanitário* designando com ele a pessoa que se sente parte da humanidade e, portanto, preocupada com seu destino.

O ser humano, na visão em tela, embora sujeito às forças da natureza, pode apenas contar consigo próprio para minimizar seus efeitos devastadores, de onde surge a ideia de "ser humanitário". Dito de outro modo, o ser humano que considera a si próprio integrando algo maior, vale dizer: a humanidade.

Afirma Rufin[92] sobre o surgimento do conceito no século XVIII:

> O conceito de "humanidade" surge nessa época. Ele designa tanto a totalidade do gênero humano, como a atenção que dispensamos a ele como a obrigação de melhorarmos seu destino. De 1830 em diante, ter "humanidade" passou a designar "ser humanitário".

A ideia de humanidade entendida como o *conjunto de características comuns a todos os homens*[93] não era incompatível com o processo de colonização. O que existe de novo a partir da segunda metade do século XIX, e foi confirmada no Tratado de Versalhes, é a atuação marcante do Direito Internacional na organização da sociedade internacional para uma "marcha harmônica da humanidade".[94]

---

[92] Ibid., p. 32.
[93] André Lalande. *Vocabulário Técnico e Crítico da Filosofia*. Tradução de Fátima Sá Correia, Maria Emília V. Aguiar, José Eduardo Torres, Maria Gorete de Souza. São Paulo: Martins Fontes, [1926] 2006, p. 477.
[94] Charles Calvo, op.cit., p.148.

No próximo item, apresentarei a vida e obra de Roger Casement como um exemplo histórico da conjugação da missão civilizatória e da preocupação com a humanidade.

1.2.2 Roger Casement (1864-1916): em nome da Civilização e da Humanidade

Roger Casement nasceu em Dublin (atual capital da Irlanda) no ano de 1864 e faleceu em Londres em 3 de agosto de 1916 . Casement, um ex-diplomata do Império Britânico, foi morto por enforcamento, acusado de "alta traição" por ter participado do Levante da Páscoa (sublevação de rebeldes republicanos irlandeses ocorrida no mesmo ano).[95]

Mario Vargas Llosa escreveu o romance *O Sonho do Celta*,[96] que é uma biografia romanceada da vida de Casement, dividida em três partes: I) Congo; II) Amazônia; e III) Irlanda. Para o objetivo do presente texto, interessam a primeira e segunda etapas de sua vida.

Casement foi para a África no ano de 1884, "como um funcionário colonial na empresa do rei Leopoldo II, no Estado livre do Congo".[97] Em 15 de novembro desse ano, teve início a Conferência de Berlim, cujo objetivo era determinar parâmetros internacionais para a colonização da África Central. No discurso de abertu-

---

[95] Angus Mitchell. *Introdução a Diário da Amazônia de Roger Casement*. Angus Mitchell (editor); Laura P.Z. Izarra e Mariana Bolfarine (orgs.). Tradução de Mariana Bolfarine (coord.), Mario Marques de Azevedo e Maria Rita Drumond Viana. São Paulo: EDUSP, 2016, pp. 15-23.

[96] Mario Vargas Llosa. *O Sonho do Celta*. Tradução de Paulina Wacht e Ari Roitman. São Paulo: Alfaguara, [2010] 2011.

[97] Angus Mitchell. *Introdução a Diário da Amazônia de Roger Casement*. Angus Mitchell (editor); Laura P.Z. Izarra e Mariana Bolfarine (orgs.). Tradução de Mariana Bolfarine (coord.), Mario Marques de Azevedo e Maria Rita Drumond Viana. São Paulo: EDUSP, 2016, pp. 15-23.

ra, Otto von Bismarck {chanceler alemão (1815-1898)} afirmou o quanto segue a respeito dos objetivos da conferência:[98]

> (...) associar os indígenas da África à civilização abrindo o interior desse continente ao comércio, propiciando a seus habitantes os meios de instrução, encorajando as missões e empresas de natureza a propagar os conhecimentos úteis e preparando a supressão da escravidão, sobretudo em relação aos negros.

Todavia, a realidade da colonização do Congo era outra, uma vez que a força pública do Rei Leopoldo da Bélgica realizava uma série de tratamentos cruéis contra a população nativa, tais como: massacre de vilas inteiras, amputação de membros de nativos mortos ou que ofereciam resistência. Entre 8 a 10 milhões de nativos foram mortos.[99]

Ao final da Conferência de Berlim, em 26 de fevereiro de 1885, foi promulgado o "Ato Geral de Berlim". Em tese, o Congo passou a ser administrado pela Associação Internacional do Congo do Rei Leopoldo. "Se a ideia inicial da conferência era internacionalizar o centro da África (inclusive, o Congo), ele se tornou belga."[100]

Na África desde 1884, Casement adquiriu um vasto conhecimento a respeito da questão de tratamentos cruéis contra a população local. Em 1892, ingressou no serviço colonial britânico e posteriormente foi nomeado cônsul. Em 1903, elaborou o relatório Casement, no qual denunciou os tratamentos cruéis perpetrados no Congo. Nesse mesmo ano, Casement, o militante e ativista Edmund Morel (1873-1924) e sua amiga e historiadora

---

[98] Martti Koskenniemi. *The Gentle Civilizer of Nations: The Rise and fall of International Law 1870-1960*. Cambridge: Cambridge University Press, 2001, p.123.

[99] Ibid., p.158.

[100] Ibid., p.159.

irlandesa Alice Stopford Green (1847-1929) fundaram a Congo Reform Association, com o objetivo de lutar a favor dos povos nativos.[101]

Após a sua presença na África, Casement veio para o Brasil, onde ocupou as seguintes posições: cônsul britânico em Santos (1906-1908) e em Belém do Pará (1908-1909) e cônsul-geral no Rio de Janeiro (1909-1913). Depois da publicação do artigo *The Devil's Paradise: A British-Owned Congo* ("O paraíso do demônio: um Congo britânico"), em 22 de setembro de 1909, por Sidney Paternoster. O Império Britânico indicou Casement para elaborar um relatório a respeito da situação de tratamento dos nativos no Vale do Rio Putumayo, região fronteiriça entre Colômbia, Peru e Brasil.[102]

Depois de realizar a investigação demandada pelo Império Britânico, seu relatório foi publicado em julho de 1912 com o nome de "Treatment of British Colonial Subjects and Native Indians Employed in the Collection of Rubber in the Putumayo District" e ficou conhecido como *Blue Book*.[103] Várias décadas após essa publicação, no ano de 1977, foi publicado por Angus Mitchell *The Amazon Journal of Roger Casement*. Referida obra é constituída de uma seleção de trechos do diário particular mantido por Roger Casement.[104]

---

[101] Angus Mitchell. *Introdução a Diário da Amazônia de Roger Casement*. Angus Mitchell (editor); Laura P. Z. Izarra e Mariana Bolfarine (orgs.). Tradução de Mariana Bolfarine (coord.), Mario Marques de Azevedo e Maria Rita Drumond Viana. São Paulo: EDUSP, 2016, pp. 15-23.

[102] Laura P.Z. Izarra. "Roger Casement e a Amazônia", prefácio de Angus Mitchell. *Roger Casement no Brasil: A Borracha, a Amazônia e o Mundo do Atlântico 1884-1916*. Tradução de Mariana Bolfarine, organização de Laura L.P. Izarra. São Paulo: W.B. Yeats Chair of Irish Studies; Humanitas, 2011, pp 11-3.

[103] Angus Mitchell. *Roger Casement no Brasil: A Borracha, a Amazônia e o Mundo do Atlântico 1884-1916*. Tradução de Mariana Bolfarine, organização de Laura L.P. Izarra. São Paulo: W.B. Yeats Chair of Irish Studies; Humanitas, 2011, p. 45.

[104] Referida obra, com o título *Diário da Amazônia de Roger Casement*, foi publicada pela EDUSP no ano de 2016.

Casement foi o principal líder de uma comissão para investigar o tratamento dispensado aos nativos pela Peruvian Amazon Company. A caminho da região do Putumayo, acompanhado por David Cazes, da Companhia de Comércio de Iquitos, que tinha algum conhecimento da população local, Casement, por meio da conversa com diversas pessoas da região, amplia sua percepção a respeito da relação dos "civilizados" com a população nativa.[105] No próximo trecho o relato de uma conversa com Monsieur Vatan, comerciante francês:

> Declarou que os "pagamentos" feitos aos índios eram "ridículos" e que o sistema inteiro era de completa escravidão. Monsieur Vatan impressionou-me com sua inteligência e honestidade, e Cazes me assegurou que ele era um dos residentes estrangeiros mais confiáveis em Iquitos. (...)

No próximo item, que recebeu o título de "Em nome da Civilização", Casement, já tendo vencido a primeira metade de sua missão, tem maior clareza do trato dispensado aos índios:[106]

> (...) Além disso, deve-se ter sempre em mente que o índio não tem parte no contrato. É obrigado pela força brutal e totalmente descontrolada – depois de caçado, capturado, flagelado, acorrentado, preso por longos períodos e de sofrer de inanição – a concordar em "trabalhar" para a companhia e, em seguida, quando é liberado desse processo de domesticação, e esse lixo equivalente a cinco xelins que lhe é dado como pagamento,

---

105 Angus Mitchell (editor); Laura P.Z. Izarra e Mariana Bolfarine (orgs.). *Diário da Amazônia de Roger Casement.* Tradução de Mariana Bolfarine (coord.), Mario Marques de Azevedo e Maria Rita Drumond Viana. São Paulo: EDUSP, 2016, p. 58.

106 Ibid., p. 286.

ele é novamente caçado, perseguido, vigiado, açoitado, tem a comida roubada e suas mulheres violentadas, até que traga de duzentas ou até trezentas vezes o valor das mercadorias que é forçado a aceitar.

É relevante lembrar que Casement é considerado por diversos políticos e estudiosos um defensor dos direitos humanos. O presidente da Irlanda, Michael D. Higgins, assim descreve Casement:[107] "(...) seu profundo comprometimento com os valores universais de respeito pela dignidade humana e pelos direitos individuais, bem como por seu compromisso com o desenvolvimento de condições de trabalho humanizadas e com a ética nos negócios".

Enquanto um inquestionável defensor da proteção da sacralidade da pessoa dos povos indígenas, Casement[108] defende uma outra forma de colonização para a Amazônia:

> (...) Os portugueses (peruanos e outros) exterminaram de modo covarde e vergonhoso os aborígenes, cujo número, caso os jesuítas tivessem prevalecido contra Pombal e os colonos, estaria hoje na casa de milhões de indivíduos. Os assassinos nada puseram no lugar daqueles que destruíram, nem civilização no lugar da selvageria, nem humanidade branca para substituir os homens cor de cobre. Tudo o que podiam fazer e fizeram foi demolir, nunca construir ou criar. Esse rio poderoso, muito além de suas margens neste grande continente, espera a mão da civilização. Qua-

---

107 Michael D. Higgins. *Roger Casement e a Amazônia*. Prefácio de Angus Mitchell (editor); Laura P.Z. Izarra e Mariana Bolfarine (orgs.); *Diário da Amazônia de Roger Casement*. Tradução de Mariana Bolfarine (coord.), Mario Marques de Azevedo e Maria Rita Drumond Viana São Paulo: EDUSP, 2016, p. 9-13; p.11.

108 Angus Mitchell (editor); Laura P.Z. Izarra e Mariana Bolfarine (orgs.). *Diário da Amazônia de Roger Casement*. Tradução de Mariana Bolfarine (coord.), Mario Marques de Azevedo e Maria Rita Drumond Viana. São Paulo: EDUSP, 2016, p. 369.

trocentos anos do espanhol em suas nascentes e trezentos anos do português em sua foz transformaram-no primeiro num inferno e depois num deserto. Nada poderia ser mais agradável do que ver a bandeira da civilização teutônica avançar floresta adentro.

O texto em tela é um exemplo patente que o processo civilizatório em benefício da humanidade não exclui a oposição entre nações civilizadas e povos selvagens e bárbaros. É complementar a essa oposição a ideia de que os civilizados, em benefício da humanidade, devem levar a civilização aos selvagens da terra.

O próprio Casement, com inquestionável sensibilidade no que se refere à proteção dos povos indígenas, defende a colonização como tarefa de aperfeiçoamento da humanidade. Tal fato ilustra como essa mentalidade era presente, entre os cidadãos europeus, no final do século XIX e início do século XX.

Essa forma de pensar esteve presente na elaboração do Pacto da Sociedades das Nações.

1.2.3 A Sociedade das Nações (1919) e os temas de direitos humanos

Em 8 de janeiro de 1918, Woodrow Wilson, presidente dos Estados Unidos, dirigiu uma mensagem ao Congresso norte-americano apresentando os catorze pontos para a construção da paz no continente europeu. O décimo quarto ponto e o parágrafo seguinte a ele são uma referência explícita à futura SDN.

> XIV. Uma associação geral deve ser formada sob acordos com o propósito de garantir garantias mútuas de independência política e integridade territorial tanto para Estados maiores quanto menores.

A respeito dessas retificações essenciais de erros e afirmações de direitos, nós mesmos nos sentimos parceiros de todos os governos e povos associados contra os imperialistas. Não podemos ser separados por interesses ou divididos em propósitos, nos mantemos juntos até o fim.

Apesar da intenção de "igualdade entre as nações" expressa pelo presidente Wilson, a formação dos órgãos diretivos da SDN indicou uma assimetria de poder. O Conselho da SDN (órgão equivalente ao poder executivo) foi ocupado pelas potências vencedoras da primeira guerra mundial, vale dizer: Estados Unidos, Império Britânico, França, Itália e Japão.[109]

O Brasil, apesar de vários protestos, ocupou uma cadeira como membro não permanente até 1926, momento no qual deixou a SDN.[110]

As nações vencedoras da Primeira Guerra Mundial, no momento histórico do final da fase do Direito Internacional das Nações Civilizadas e início da fase do Direito Internacional da Humanidade, elaboraram um documento ambivalente que mantém a ideia da superioridade das nações civilizadas, mas aponta para uma perspectiva holística que torna viável incluir a humanidade como um todo na sua visão de comunidade internacional.

John Humphrey (1905-1995), jurista canadense, professor de Direito Internacional da MacGill University, secretário-geral da Comissão de Direitos Humanos da ONU que elaborou a DUDH, afir-

---

[109] Jean-Jacques Becker. *O Tratado de Versalhes*. Tradução de Constancia Egrejas. São Paulo: Editora da Unesp, [2002] 2011, p. 152.

[110] Para mais detalhes a propósito da participação do Brasil na SDN, veja: Eugênio Vargas Garcia. *O Brasil e a Liga das Nações (1919-1926): Vencer ou não perder.* 2ª ed. Porto Alegre: Editora da UFRGS, 2005.

ma que o conceito de direitos humanos não foi incluído no texto do Pacto da SDN. Todavia, dois artigos tratam de temas relacionados a esse tema, vale dizer: o artigo 22 e o artigo 23.[111]

Entre os antecedentes históricos que tornaram possível a elaboração do artigo 22, é relevante citar quatro: 1) Ato Geral de Berlim, 26 de fevereiro de 1885; 2) Ato Geral de Bruxelas, 2 de junho de 1890 (instrumento jurídico resultado de uma Conferência antiescravidão); 3) o quinto ponto dos catorze do presidente Wilson, que propõe "Um reajuste livre, aberto e absolutamente imparcial da política colonialista, baseado na observação estrita do princípio de que a soberania dos interesses das populações colonizadas deve ter o mesmo peso dos pedidos equiparáveis das nações civilizadas";e 4) O projeto do general Smuts (chefe das tropas britânicas na África do Sul), publicado, em dezembro de 1918, em uma brochura intitulada *The League of Nations: A Practical Suggestion*[112] que estava de acordo com o proposta de Wilson, dando-lhe maior concretude e precisão ao propor um projeto de governo por meio de uma potência agindo na qualidade de mandatário da SDN e supervisionada por ela.[113]

Pode-se afirmar que artigo 22 foi "o resultado de uma transação a propósito da questão dos territórios coloniais subtraídos do inimigo, entre o sistema de anexação pura e simples e o sistema de sua internacionalização absoluta".[114] Como resultado final, obteve-se um mosaico de duas diferentes perspectivas, a saber: a imperialista e a internacionalista.

---

111 John Humphrey. *No Distant Millennium: The International Law of Human Rights*. Paris: Unesco, 1989, p. 38.

112 G. Diena. *Les Mandats Internationaux*. RCADI, 1924, p. 215-25; pp. 217-8. Para mais informações do Projeto Smuts, veja: Carter Mills. "The Mandatory System", *American Journal of International Law*, 1923, p. 50 e seguintes.

113 G. Diena, op. cit., p. 217-8.

114 G. Diena, op.cit., p.218.

O artigo 22 é composto de nove parágrafos, 424 palavras distribuídas em 43 linhas. O artigo em tela preenche todas as características para ser considerado uma narrativa, posto que apresenta uma série de eventos passados, presentes e futuros relacionados à organização da comunidade internacional, na primeira metade do século XX, com o suporte de uma norma jurídica.

Robert M. Cover mostra a importância da narrativa para a elaboração da norma jurídica:[115]

> Uma tradição legal é, portanto, parte integrante de um complexo mundo normativo. A tradição inclui não apenas um *corpus juris*, mas também uma linguagem e um *mythos* – narrativas em que o *corpus juris* é localizado por aqueles cujas vontades têm efeito sobre ele. Esses mitos estabelecem os paradigmas de comportamento. Eles constroem entre o universo normativo e material, entre as restrições da realidade e as demandas de uma ética. Esses mitos estabelecem um repertório de movimentos – um léxico de ação normativa – que pode ser combinado para gerar significado – padrões inteiros selecionados dos padrões significativos do passado. (...)

A "missão sagrada da civilização" é a narrativa inspiradora da fase do Direito Internacional das Nações Civilizadas, ainda presente no início da fase do Direito Internacional da Humanidade. É o que será verificado por meio da análise do artigo 22.

O primeiro parágrafo estabelece dois requisitos para a instauração de um sistema de mandatos:

> Art. 22. Os princípios seguintes aplicam-se 1) às colônias e territórios que, em consequência da guerra,

---

[115] Robert M. Cover op.cit., p. 09.

cessaram de estar sob a soberania dos Estados que precedentemente os governavam e 2) são habitados por povos ainda incapazes de se dirigirem por si próprios nas condições particularmente difíceis do mundo moderno. A definição da incapacidade de "autogoverno" definida pela SDN será superada com a utilização do sistema de mandatos. O Pacto esclarece o objetivo maior desse sistema: (...) O bem-estar e o desenvolvimento desses povos formam uma <u>missão sagrada de civilização</u>, e convém incorporar no presente Pacto garantias para o cumprimento dessa missão. (grifo do autor)

O segundo e o terceiro parágrafos esclarecem que o sistema de mandatos é um princípio para a organização da sociedade internacional, apresentando uma justificativa para esse sistema, a forma básica que deveria assumir, além de justificativas para diversos tipos de mandato:

> O melhor método de realizar praticamente esse princípio é confiar a tutela desses povos às nações desenvolvidas que, em razão de seus recursos, de sua experiência ou de sua posição geográfica, estão em situação de bem assumir essa responsabilidade e que consintam em aceitá-la: elas exerceriam a tutela na qualidade de mandatários e em nome da Sociedade.
>
> O caráter do mandato deve ser diferente conforme o grau de desenvolvimento do povo, a situação geográfica do território, suas condições econômicas e todas as outras circunstâncias análogas.

Do quarto ao sexto parágrafo, é feita referência a "povos, comunidades e territórios" com diferentes situações geográficas e de autogoverno:

Certas comunidades que outrora pertenciam ao Império Otomano atingiram tal grau de desenvolvimento que sua existência como nações independentes pode ser reconhecida provisoriamente, com a condição de que os conselhos e o auxílio de um mandatário guiem sua administração até o momento em que forem capazes de se conduzirem sozinhas. Os desejos dessas comunidades devem ser tomados em primeiro lugar em consideração para escolha do mandatário.

No quinto parágrafo também são definidas obrigações para os Estados, relacionadas com a proteção da dignidade da pessoa:

O grau de desenvolvimento em que se encontram outros povos, especialmente os da África Central, exige que o mandatário assuma o governo do território em condições que, com <u>a proibição de abusos, tais como o tráfico de escravos, o comércio de armas e álcool, garantam a liberdade de consciência e religião</u>, sem outras restrições, além das que pode impor a manutenção da ordem pública e dos bons costumes, e a <u>interdição</u> de estabelecer fortificações, bases militares ou navais e <u>de dar aos indígenas instrução militar</u>, a não ser para a polícia ou a defesa do território, e assegurarem aos outros membros da Sociedade condições de igualdade para trocas e comércio. (grifos do autor)

Enfim, há territórios como o sudoeste africano e certas ilhas do Pacífico austral, que, em razão da fraca densidade de sua população, de sua superfície restrita, de seu afastamento dos centros de civilização, de sua contiguidade geográfica com o território do mandatário ou de outras circunstâncias, não poderiam ser melhor administrados do que pelas próprias leis do mandatário, como parte integrante de seu território, sob reserva das garantias previstas acima no interesse das populações indígenas.

O sétimo parágrafo determina a obrigação do Estado mandatário em relação ao Conselho da SDN: "Em todos os casos, o mandatário deverá enviar anualmente ao Conselho um relatório acerca dos territórios de que foi encarregado".

O oitavo e o nono parágrafos determinam outras tarefas do Conselho da SDN:

> Se o grau de autoridade, fiscalização ou administração a ser exercido pelo mandatário não faz objeto de uma convenção anterior entre os membros da sociedade, será estatuído expressamente nesses três aspectos pelo Conselho.

> Uma comissão permanente será encarregada de receber e examinar os relatórios anuais dos mandatários e de dar ao Conselho sua opinião sobre todas as questões relativas à execução dos mandatos.

O artigo 22, a época dos fatos, foi saudado como revolucionário sendo comparado à Declaração dos Direitos do Homem e do Cidadão (1789). É o que afirma Bentwich:[116]

> (...) O artigo do Pacto não é um instrumento legal e preciso formulado por um comitê de juristas; mas uma declaração de princípios políticos e éticos que devem ser retomados e ampliados no texto dos documentos que fixarão as condições dos regimes de cada território em particular, que nomeamos mandatos. O artigo do

---

[116] N. Bentwich. *L'Origine et l'Histoire du Système des Mandats Internationaux*. RCADI, 1929, IV Tome 29, p. 121-32; p. 122.

Pacto é, por assim dizer, uma declaração de direitos de certos povos menores que estiveram depois de séculos sob o domínio otomano, e dos povos atrasados que tenham sido englobados pelo Império Alemão. Podemos compará-lo à Declaração dos Direitos do Homem e do Cidadão de 1789.

No mesmo texto, Bentwich[117] define o papel de um mandatário no sistema proposto:

O mandatário é um protetor com uma consciência, e, o que é talvez o mais importante, ele tem um guardião da sua consciência, e obrigado a conduzir um governo de acordo com os princípios definidos. Dito de outra forma, a nova característica na concepção do mandato é um "trust" que é definido com exatidão e de forma precisa, e supervisionado por uma organização internacional.

O instituto *protectorat* (protetorado) do Direito do Império Britânico foi um dos modelos do sistema de mandatos da SDN e pode ser considerado como um dos antecedentes históricos do que viria a ser: a Proteção Internacional dos Direitos Humanos.

O processo colonial realizado em nome da civilização, e em benefício da humanidade, tem continuidade. A novidade histórica é o surgimento de: 1) a concessão de um mandato para uma determinada potência; 2) a supervisão internacional do mandato por uma comissão de mandatos da SDN.

Para Susan Pedersen[118], o artigo 22 foi sempre muito mais retórico do que real,

---

[117] Ibid., p. 123.
[118] Susan Pedersen. *The Guardians: The League of Nations and the Crisis of Empire*. Oxford: Oxford University Press, 2015, p. 405.

sempre mais um assunto para conversa em Genebra e Londres do que uma prática em Jerusalém ou Lomé. O lado positivo é que por submeter as potências mandatórias a um regular questionamento e proporcionando um mecanismo de petição e protesto, e especialmente por publicar e distribuir seus relatórios, o sistema de mandatos abriu o governo imperial para uma onda incontrolável de escrutínio e conversas.

Para Lafer, o tema dos direitos humanos está também contemplado no artigo 23 do Pacto:

> (...) Este menciona o tratamento equitativo de populações indígenas e se refere ao tráfico de mulheres e crianças, ao tráfico de ópio e outras drogas nocivas e à importância da fiscalização do comércio de armas e munições. Em outras palavras, representa uma abertura ao direito à diversidade e lida com crimes transfronteiras, inserindo na agenda a importância da cooperação penal internacional, que tem significado para a tutela da dignidade da pessoa humana.

Outras três iniciativas relacionadas à questão dos direitos humanos, apesar de não previstas no Pacto, foram encaminhadas pela SDN, vale dizer: a proteção das minorias, a Convenção sobre a escravidão (1926) e diversos organismos relacionados ao tema do refugiados (a ser analisado na Parte II deste livro).

A proteção das minorias foi viabilizada por meio de uma série de tratados patrocinados pela SDN que visava à proteção de povos minoritários que viviam em uma determinada nação, diferente da sua, como, por exemplo, a Polônia, que apresentava uma população total de 26.300.000 habitantes, sendo: 18.100.000 poloneses; 4.000.000 de ucranianos; 2.400.000 judeus; 1.300.000 bielorrussos e 500.000 alemães – um total de 8.200.000 alógenos.[119] Os tratados visavam garantir para os povos minoritários em determinado Estado: 1) a proteção do exercício dos direitos da vida, liberdade, liberdade de religião; 2) a garantia de que seriam tratados igualmente sem nenhuma espécie de discriminação baseada raça, religião, nacionalidade; 3) a proteção das características essenciais do povo minoritário (raça, religião e língua) contra indesejada assimilação à nacionalidade do Estado nação.[120] O sistema de proteção das minorias funcionou adequadamente durante a primeira década da SDN, mas acabou fracassando.[121]

A Convenção sobre a Escravidão foi assinada em 26 de novembro de 1926 e, até 1937, vinte e nove Estados haviam ratificado o instrumento. A convenção não obriga os Estados abolirem a escravidão de forma imediata, mas que "trabalhem na perspectiva da abolição da escravidão".[122] Uma comissão de *experts* foi criada pela Convenção, referida comissão realizou apenas uma visita *in loco* à Libéria. No relatório da comissão foi feita uma recomendação que ilustra a mentalidade da época: "descobrir que seu lugar na comunidade de nações está comprometido".[123]

O que é importante ter em mente é que os temas de direitos humanos, sejam aqueles previstos no Pacto ou no trabalho posterior da SDN, não se dirigem às pessoas, mas têm como único destinatário os Estados, estabelecendo obrigações ou recomendações. As pessoas não são qualificadas enquanto sujeitos de direito, mas objetos de proteção estatal.

---

[119]   Esses números têm por base a tabela de Jean-Jacques Becker, op. cit., p.124.
[120]   John Humphrey, op. cit., p. 44.
[121]   Anna Meijknecht. *Minority Protection System between World War I and World War II.* MPEPIL, última atualização outubro 2010, p. 6.
[122]   Renne Colette Redman. *The League of Nations and the Right to be Free from Enslavement: The First Human Right to Be Recognized as Customary International Law.* p. 759-87; p. 787.
[123]   Ibid, p. 797.

No próximo item, que inicia a segunda parte deste estudo, será analisado o surgimento da pessoa no Direito Internacional Público, o que foi possível graças à Declaração Universal dos Direitos Humanos (1948).

Parte II – Emergência do Sujeito de Direito nas três vertentes da Proteção Internacional dos Direitos da Pessoa Humana

(...) Sabíamos que as pessoas estavam mortas quando deixavam de gritar. Normalmente, esperávamos uma meia hora antes de abrir e retirar os corpos. Depois de retirar os corpos da câmara de gás, os nossos comandos especiais recolhiam os anéis e extraíam os dentes de ouro dos cadáveres. Uma outra melhoria em relação a Treblinka eram as nossa câmaras de gás, prontas para receber 2.000 pessoas de cada vez.[124]

O trecho é parte do depoimento de Rudolph Hess (1894-1987), responsável por Auschwitz, observando as vantagens do seu campo de concentração em relação a Treblinka. A ausência de qualquer traço de sentimento de compaixão é ilustrativa do que foi conhecido como a indústria da morte.

O campo de concentração é o fenômeno histórico crucial para o conhecimento do totalitarismo. Deixa de estar presente a clás-

---

[124] Guy Richard (coord.). *A História inumana – Massacres e Genocídios das origens aos nossos dias*. Lisboa: Instituto Piaget Divisão Editorial, 1992, p. 131.

sica divisão entre governantes e governados, governantes que têm deveres em relação aos governados, e governados com direitos em relação a governantes. O que existiu foi uma máquina de terror cujo objetivo central era a eliminação de seres humanos, imperando a ausência de todo e qualquer critério de moralidade.

Nessa perspectiva, o totalitarismo, por considerar a pessoa um objeto descartável, e estabelecer uma forma até então inédita de exercício de poder, deve ser considerado um evento de ruptura. Nas palavras de Lafer:[125]

> A ruptura tem como marco definitivo o totalitarismo enquanto forma de governo e dominação baseada no terror e na ideologia, cujo ineditismo as categorias clássicas do pensamento político não captam e cujos crimes não podem ser julgados pelos padrões morais usuais, nem punidos dentro do quadro de referência dos sistemas jurídicos tradicionais.

A DUDH tem como um de seus objetivos principais dar uma resposta no âmbito do Direito ao totalitarismo. A fim de atingir esse desiderato, o Direito Internacional, a partir de 1945, conheceu uma mudança radical com a proibição do uso da força (Carta da ONU) e, posteriormente, a concretização do valor da dignidade da pessoa humana, o que foi alcançado, de forma explícita, tanto no preâmbulo da Carta da ONU como no artigo 1 da DUDH. Referidas normas fizeram surgir, de forma até então inédita, o tema da proteção da pessoa humana no âmbito do Direito Internacional.

---

125 Celso Lafer. *A Reconstrução dos Direitos Humanos – Um diálogo com o Pensamento de Hannah Arendt*. São Paulo: Companhia das Letras, 1988, p. 80.

2.1) Histórico da Proteção da Pessoa Humana no Direito Internacional

O segundo fenômeno de ruptura do século XX ocorreu no dia 6 de agosto de 1945, ocasião na qual o avião B-29 Enola Gay lançou a primeira bomba atômica sobre a cidade japonesa de Hiroshima. Resultado: 78.000 mortos em um milionésimo de segundo. Imediatamente após esse acontecimento, a Casa Branca informou o Japão de que, na hipótese do não anúncio de sua rendição: "they may expect a rain of ruin from the air". A rendição japonesa não foi anunciada e, no dia 9 de agosto de 1945, outro avião B-29 ataca com uma nova bomba atômica a cidade de Nagasaki, exterminando 25.000 pessoas.

O final da Segunda Guerra Mundial é concomitante ao início da era nuclear. Um tempo – que até hoje perdura – no qual a possibilidade de destruição planetária é inquestionável. É de Bobbio[126] o seguinte comentário: "O ineditismo da situação atual na qual se encontra a humanidade diante da ameaça da guerra atômica é tão radical, tão perturbador, que coloca em crise todas as respostas dadas no passado à pergunta sobre o sentido da guerra (...)".

A possibilidade do conflito termonuclear transforma o próprio conceito de guerra. Quanto a esse aspecto, a Guerra Fria (1945-1991) é um exemplo, uma vez que foi um conflito que não teve nenhuma batalha concreta; todavia, armazenou armamentos atômicos que virtualmente tinham a possibilidade da destruição do planeta Terra, centenas de vezes.

Durante séculos, a guerra enquanto método violento de resolução

---

[126] Norberto Bobbio. Filosofia da Guerra na era atômica, In *O Terceiro Ausente*. Ensaios e Discursos sobre a Paz e a Guerra. Tradução Daniela Versiani. São Paulo: Manole, 2009 [1989], p. 38.

de conflitos foi considerada pelo Direito como uma forma válida de resolução de conflitos.[127] No âmbito internacional o percurso histórico do surgimento da "norma proibitiva de guerra" (1919-1945) é ilustrativo tanto da aceitação de métodos violentos de resolução de conflitos como da dificuldade de implementação de métodos não violentos para a solução de controvérsias. Foi, apenas e tão somente, com a assinatura da Carta de São Francisco (26 de junho de 1945) que a proibição do uso da força surgiu como norma do direito internacional.[128]

O estabelecimento da ONU não inviabilizou a Guerra Fria, mas tornou possível a plena internacionalização dos direitos humanos. A memória – de forma sintética – do surgimento da ONU é imprescindível para a compreensão da DUDH.[129]

Antes do final da Segunda Guerra Mundial, em 6 de janeiro de 1941, o presidente dos Estados Unidos, Franklin Roosevelt, pronunciou um discurso para o Congresso norte-americano no qual afirmou a importância, para a comunidade internacional futura, de quatro liberdades: 1) liberdade da palavra e expressão; 2) liberdade de religião; 3) liberdade de viver ao abrigo da necessidade; e 4) liberdade de viver sem medo. As duas últimas liberdades foram reafirmadas na Carta do Atlântico (agosto de 1941), aprovadas por Roosevelt e Churchil, que delineava uma proposta para uma nova comunidade internacional. No ano seguinte (1º de janeiro de 1942), a Declaração das Nações Unidas foi assinada

---

127 Para um estudo detalhado das relações entre a guerra e o direito consulte "Direito e Guerra", de Norberto Bobbio, em *O Problema da guerra e as vias da paz*, pp. 117-35.

128 Observo que a palavra "guerra" está presente apenas no texto do preâmbulo da Carta da ONU.

129 A redação do texto restante desse item tomou como referência o texto: Celso Lafer. *A Declaração Universal dos Direitos Humanos de 1948: Seu alcance e significado para a Teoria dos Direitos Humanos* in *Direitos Humanos um percurso no século XXI*. São Paulo: Atlas, 2015, pp. 3-53.

pelos representantes de 26 países em guerra contra as potências do Eixo (Alemanha, Itália e Japão), na qual são afirmadas posturas favoráveis à proteção dos direitos humanos, em seus respectivos países e na comunidade internacional. De agosto a outubro de 1944, na Conferência de Dumbarton Oaks, dá-se a elaboração, por parte dos EUA, Grã-Bretanha, União Soviética e China, do documento que serviu de base para a Carta de São Francisco.

O tema dos direitos humanos não constou do documento final de Dumbarton Oaks porque os quatro países tinham problemas referentes a esse tema:

> Os EUA viviam ainda os problemas legais da discriminação racial que, sobretudo no sul do país, vitimava a população negra; a Grã-Bretanha ainda era um império colonial; e a União Soviética de Stálin carregava a sombria realidade dos seus *gulags*.[130]

A Carta de São Francisco foi finalmente aberta à assinatura no dia 26 de junho de 1945, e a Organização das Nações Unidas passou a existir oficialmente, no dia 24 de outubro de 1945, com um total de 51 países como membros fundadores, entre eles o Brasil.

Logo no seu preâmbulo, uma narrativa, afirmou-se:

> Nós, os povos das Nações Unidas, resolvidos a preservar as gerações vindouras do flagelo da guerra, que por duas vezes, no espaço da nossa vida, trouxe sofrimentos indizíveis à humanidade, e a reafirmar a fé nos direitos fundamentais do homem, na dignidade e no valor do ser humano, na igualdade de direitos de homens e mulheres, assim como das nações grandes e pequenas (...).

---

[130] Celso Lafer, op. cit., p. 14-5.

Uma vez constituída a ONU, faltava a ela uma carta de direitos, embora o princípio da igualdade, dignidade e não discriminação estivesse presente. A Carta da ONU fez a previsão da "*vis directiva* da função promocional dos direitos humanos, que teria como *locus* a própria ONU, (...) A Declaração Universal de 1948 é a primeira e admirável expressão desta *vis directiva*, harmonizada no seio da ONU".[131]

Por meio da resolução 1.503, em 16 de fevereiro de 1946 o Conselho Econômico e Social (ECOSOC) atribuiu um mandato a Comissão de Direitos Humanos que, logo na sua primeira sessão plenária (janeiro/fevereiro 1947), estabeleceu um grupo de trabalho com o objetivo de redigir uma minuta da Declaração tomando como base um modelo elaborado pelo secretariado da ONU.

2.1.1) Declaração dos Direitos Internacionais do Homem (1929), o caso Franz Bernheim (1933) e a proteção universal dos direitos humanos

"O ano de 1945 não foi um ano zero para os internacionalistas: as raízes da ONU estavam muito mais firmemente plantadas no passado do que seus fundadores sentiram que seria vantajoso admitir."[132]

Lafer, ao comentar o processo de afirmação dos direitos humanos no âmbito internacional, afirma:

Não se trata, em síntese, de um processo linear. Está sujeito a descontinuidades. Requer tempos longos. En-

---

131 Celso Lafer, op.cit., p. 17.
132 Mark Mazower. "The End of Civilization and the Rise of Human Rights – The Mid-Twentieth-Century Disjuncture". In: Stefan-Ludwig Hoffmann (editor). *Human Rights in the Twentieth Century*. Nova York: Cambridge University Press, 2011, pp. 29-44; p. 29.

frenta as seletividades políticas dos interesses da "razão de Estado", interesses que são discricionários na avaliação e no peso atribuído ao descumprimento de normas por distintos países.

Essa visão é corroborada por fatos históricos anteriores à elaboração da DUDH. Dois eventos ajudam a elucidar a nomogênese da DUDH. O primeiro é a Declaração dos Direitos Internacionais do Homem, de 12 de outubro de 1929, e o segundo, a petição de Franz Bernheim (1889-1990) apresentada à SDN em 17 de maio de 1933.

A declaração em tela teve como o seu principal mentor o jurista russo André Nicolayévitch Mandelstam (1869-1949), diplomata durante o regime czarista e consultor jurídico do Ministério de Relações Exteriores da Rússia quando da Revolução de 1917. Temendo ser perseguido pelos bolcheviques, exilou-se em Paris, onde dedicou-se ao ensino e à pesquisa do Direito Internacional.[133]

Graças à sua iniciativa, o Instituto de Direito Internacional (criado em 1875)[134] estabeleceu em 1921 uma comissão responsável pelo estudo da proteção das minorias e dos direitos humanos. Mandelstam foi o responsável por essa comissão.[135]

Como resultado de suas reflexões, Mandelstam publicou o artigo "La Protection Internationale des Droits de L'Homme" (A Proteção Internacional dos Direitos do Homem),[136] no qual defende a

---

[133] Jan Herman Burgers "The Road to San Francisco: The Revival of the Human Rights Idea in the Twentieth Century". In: *Human Rights Quarterly* (HRQ) vol.14, n° 4 (nov. 1992), pp. 447-77; e Helmut Philipp Aust. "From Diplomat to Academic Ativist – André Mandelstam and the History of Human Rights". In: *European Journal of International Law* (EJIL), vol. 25, n° 4 (2014), pp. 1105-21.

[134] Para mais informações, Martti Koskenniemi, op. cit., pp. 47-51.

[135] Jan Herman Burgers, op. cit., p. 451.

[136] André N. Mandelstan. *La Protection Internationale des Droits de L'Homme*. RCADI, vol. IV, tome 38 (1931) pp. 129-229.

ideia de uma Convenção Mundial sobre a Proteção dos Direitos do Homem. A ligação com o tema da proteção das minorias resta evidente:[137]

> A conclusão de uma Convenção Mundial sobre a Proteção dos Direitos do Homem apresentará ainda uma outra vantagem, pois ela não deixará de exercer uma influência positiva sobre a solução do problema das minorias. Podemos esperar que os Estados, cujo receio da formação de minorias artificiais em seu solo não permitem a adesão e a generalização da proteção de minorias, não enxergarão obstáculos à conclusão de uma convenção geral proclamando a inviolabilidade dos direitos do homem.

Em 12 de outubro de 1929, a Declaração dos Direitos Internacionais do Homem foi aprovada pelo Instituto de Direito Internacional.[138] A declaração tem apenas seis artigos e seis "considerandos".[139]

> O Instituto de Direito Internacional considerando:
>
> Que a consciência jurídica do mundo civilizado exige o reconhecimento ao indivíduo dos direitos retirados de todo atentado por parte do Estado.
>
> (...)
>
> Que importa expandir ao mundo inteiro o reconhecimento internacional dos direitos do homem.
>
> Proclama
>
> Artigo primeiro
>
> É dever de todo Estado o reconhecimento a todo indi-

---

[137] André N. Mandelstam, op. cit., p. 229.

[138] André N. Mandelstam, op. cit., p. 204-5.

[139] Optei por apresentar o primeiro e sexto artigo e o primeiro e sexto "considerando". Para um texto completo da declaração, ver André N. Mandelstam, op. cit., p. 204-5.

víduo do direito igual à vida, à liberdade e à propriedade, e de propiciar a todos em seu território plena e total proteção do seu direito, sem distinção de nacionalidade, de sexo, de raça ou de religião.

(...)

Artigo 6

Nenhum Estado terá o direito de retirar, com exceção dos motivos advindos de sua legislação geral, sua nacionalidade àqueles que, por razões de sexo, raça, língua ou religião, foram privados das garantias previstas nos artigos precedentes. (grifos do autor).

Em referido artigo o autor defende a ideia da ampliação da proteção das minorias para todos os indivíduos. A ampliação da proteção deve ocorrer pela imposição de obrigações aos Estados. Essa ideia é evidenciada no artigo 6 da declaração de 1929, no qual fica a estabelecida a possibilidade de um Estado retirar a nacionalidade de um cidadão em virtude de sua legislação interna.

Na primeira metade do século XX os Estados tinham liberdade no que diz respeito ao tratamento de seus nacionais. Estados eram sujeitos, indivíduos, apenas objetos de Direito Internacional. Nas palavras de Lala Oppenheim:[140] "(...) O Estado tem o direito de tratar tanto os nacionais quanto as pessoas sem Estado da maneira que decidir; a forma de tratar não é uma questão à qual o Direito Internacional, de regra, diga respeito".

Como visto anteriormente, "cláusulas de minoria" (*minority clauses*) estiveram presentes em diversos tratados de paz, bem como em tratados especiais. Também foram inseridas em dois tratados bilaterais, vale dizer: 1) entre Alemanha e Polônia em relação à

---

140 Lala Oppenheim. *International Law*. Henry: Lauterpacht edition,1955, p. 640-1.

Alta Silésia; e 2) entre Alemanha e Lituânia em relação ao território Memel.

Diversos Estados que tinham sua soberania limitada pelas cláusulas ou pelos tratados de minorias protestaram contra tais medidas, uma vez que outros Estados não eram afetados por elas. O único resultado desses protestos foi uma resolução da SDN (21 de setembro de 1922) que expressava a "esperança" de que Estados não vinculados por tais cláusulas as seguissem em relação a suas minorias, no mínimo como um "elevado padrão de justiça e tolerância". Em 1925, alguns Estados vinculados por cláusulas de minoria propuseram na assembleia da SDN a elaboração de um tratado para todos os membros da liga, estabelecendo suas obrigações em relação a minorias. A proposta foi rejeitada. Propostas semelhantes foram apresentadas em 1930 e 1932, ambas rejeitadas.[141]

Tendo em vista o encerramento das atividades da SDN em 1946, a proteção das minorias foi integrada ao sistema ONU por meio da criação da Subcomissão de Prevenção da Discriminação e Proteção das Minorias, formada por "*experts* independentes" e vinculada à Comissão de Direitos Humanos da ONU.[142]

Um caso do sistema de proteção das minorias que ocorreu logo após a ascensão de Adolf Hitler ao poder ilustra tanto o potencial da proteção internacional quanto suas limitações. Trata-se da Bernheim Petition (Petição de Bernheim).

Franz Bernheim (um alemão descendente de judeus de 32 anos) morava na cidade de Gleiwitz, região da Alta Silésia (Polônia), que estabelecera um tratado com a Alemanha em 1922, no qual foi pre-

---

141 Jan Herman Burgers, op. cit., p. 450.
142 Para um histórico da subcomissão: John Humphrey. "The Sub-Comission on the Prevention of Discrimination and the Protection of Minorities". *American Journal of International Law*, vol. 62, 1968, pp. 869-900.

vista a proteção das minorias. Adolf Hitler (1889-1945) assume o poder em 30 de janeiro de 1933, e tem início a perseguição aos judeus. Bernheim é demitido em abril de 1933 sob a alegação de ser judeu (todos os empregados judeus deveriam ser demitidos).[143]

Diante desse fato, Bernheim apresentou uma petição ao Conselho da SDN em 12 de maio de 1933, tendo como fundamento o tratado em tela, e elencou uma série de normas e medidas administrativas do governo alemão discriminatórias contra os judeus e em completo desacordo com o tratado. Bernheim demandou ao conselho que declarasse essas normas e medidas nulas e inválidas para a Alta Silésia, que os judeus reassumissem suas posições e recebessem uma compensação financeira. O conselho da SDN recebeu a petição, que foi encaminhada para uma comissão mista, a qual, por sua vez, instalou um procedimento que, ao final, determinou o pagamento de uma compensação financeira de mil e seiscentos marcos. Diversos outros casos de empregados, advogados e médicos judeus foram resolvidos de forma semelhante.[144]

No dia 25 de setembro de 1933, teve início a sessão anual da assembleia geral da SDN, que terminou no dia 11 de outubro de 1933. Durante os debates, as questões referentes à petição Bernheim foram levantadas por diversos participantes. Antoine Frangullis (188-1975), jurista e diplomata grego que representou seu país na SDN de 1920-1922, um dos mais próximos parceiros de André N. Mandelstam, participou, da sessão em tela como delegado do Haiti no dia 30 de setembro de 1933 e criticou o sistema existente de proteção das minorias. Em nome de Stenio Vincent (presiden-

---

[143] Jan Herman Burgers, op. cit., p. 455.
[144] Ibid., p. 456. Para informações mais detalhadas, consulte Georges Kaeckenbeek. *The International Experiment of Upper Silesia*. London: Oxford University Press, 1942. Georges Kaeckenbeek foi o presidente do Tribunal Arbitral da Alta Silésia de 1922 a 1937. O tribunal participou desse procedimento.

te do Haiti), ele apresentou uma proposta de resolução idêntica à Declaração dos Direitos Internacionais do Homem, do Instituto de Direito Internacional. No parágrafo final de sua proposta de resolução, Frangulis sugere que a SDN deveria expressar o desejo de uma convenção mundial garantindo a proteção e o respeito dos direitos do homem citados na proposta de resolução.[145]

No dia 3 de outubro Von Keller (delegado da Alemanha na SDN) esclareceu que seu país tinha uma nova filosofia baseada no conceito de *Volkstum*: identidade nacional fundamentada em termos raciais. O precedente do caso Bernheim foi citado por várias delegações, que perguntaram ao representante alemão como conciliar essa nova filosofia com os compromissos assumidos nos tratados de minorias. Von Keller recusou-se a fazer qualquer comentário a respeito do caso Bernheim e afirmou que o "problema judeu" para a Alemanha era uma questão *sui generis* e, portanto, estava fora das "cláusulas de minorias".[146]

Após a apresentação da proposta de resolução do Haiti, a assembleia se dividiu, e a França apresentou uma proposta diferente de resolução dividida em duas partes: 1) reafirmação da resolução da SDN de 1922 que instava os Estados membros a respeitar o direito de todas as minorias; e 2) especificando que essa resolução deveria se dirigir a todas as categorias de nacionais que se diferenciavam da maioria da população em razão de qualquer diferença de raça, língua ou religião. No dia 11 de outubro de 1933, último dia da sessão da assembleia, a proposta de resolução da França foi apresentada, e a assembleia aprovou unanimemente a primeira parte. Todavia, a segunda parte não foi colocada para

---

145 Jan Herman Burgers, op. cit., p. 457. Para mais informações a respeito dessa sessão, consulte *Official Journal of the League of Nations* (Special Supplement nº 115).

146 Jan Herman Burgers, op. cit., pp. 457-8.

votação, porque a Alemanha anunciou que votaria contra. Finalmente, no dia 14 de outubro de 1933, a Alemanha oficialmente anunciou sua retirada da SDN.[147]

A proposta pioneira de André Mandelstam e o caso Bernheim ilustram como o tema dos direitos humanos (enquanto uma norma pré-categorial) esteve presente nos debates da SDN referentes à proteção das minorias. A impossibilidade da SDN de proteger, de forma eficaz, diversas minorias em vários países da Europa demonstra a imperiosidade da elaboração de um instrumento jurídico internacional situado em um plano superior à soberania dos Estados.

A comunidade internacional teve que aguardar o final da Segunda Guerra Mundial e o surgimento da Organização das Nações Unidas para a elaboração desse documento.

2.1.2 Declaração Universal dos Direitos Humanos (1948) e a proteção internacional dos direitos humanos

> Um precursor etnocêntrico dos direitos humanos atuais, tem que ser entendido como um fundamento universalmente válido de normas definindo o que significa pertencer ao "mundo civilizado.[148]

A palavra civilização não está presente na Carta da ONU e na DUDH. No entanto, o artigo 73, integrante do Capítulo XI Declaração Relativa a Territórios sem Governo Próprio, da Carta da ONU repete, em alguns de seus trechos, expressões semelhantes utilizadas no artigo 22 do Pacto da SDN.

---

[147] Jan Herman Burgers, op. cit., pp. 458-9.
[148] Jurgen Osterhammel. *The transformation of the world:A Global history of the nineteenth century*, tradução de Patrick Camiller. Princeton: Princeton University Press, 2014 {2009}.

Artigo 73 – Os membros das Nações Unidas, que assumiram ou assumam responsabilidades pela administração de territórios *cujos povos não tenham atingido a plena capacidade de governar a si mesmos*, reconhecem o princípio de que os interesses dos habitantes desse território são da mais alta importância e aceitam, como *missão sagrada*, a obrigação de promover no mais alto grau, dentro do sistema de paz e segurança internacionais estabelecido na presente Carta, o bem-estar dos habitantes desses territórios (...). [grifos do autor]

O capítulo XII da Carta da ONU trata do Sistema Internacional de Tutela e o XII, do Conselho de Tutela. A palavra civilização deixa de estar presente, mas a narrativa da "missão sagrada" permanece e, com ela, a ideia de povos destituídos da "plena capacidade de governar a si mesmos" que necessitam de Estados soberanos para promover "o bem-estar dos habitantes desses territórios".

A tutela de povos "menores" por Estados soberanos já membros da ONU, no início da ONU, foi a perpetuação de um modelo de organização da comunidade internacional validado pelo Direito Internacional. A novidade histórica, no âmbito da ONU, foi a DUDH como um documento que instaura uma nova política de Direito. A viabilização dessa "nova política" tomou como modelo a Declaração de 1789 ao declarar, logo no artigo primeiro, que "Todos os homens nascem livres e iguais em dignidade e direitos e devem agir uns em relação aos outros com espírito de fraternidade". Liberdade, igualdade e fraternidade foram mantidas; o que surge de novo é a afirmação da dignidade inerente a todo e qualquer ser humano. A igualdade e liberdade em dignidade e direitos são imanentes ao ser humano e o acompanham de modo incondicional no transcurso de sua vida. Independentemente de qualquer outro título ou condição, não só no território de seu país, mas na comunidade internacional como um todo.

René Cassin (1887-1976), francês de origem judaica, jurista, professor de Direito Penal, militante da Liga dos Direitos do Homem, ex-combatente da Primeira Guerra Mundial, delegado francês na SDN, integrante da resistência francesa na Segunda Guerra Mundial ("braço-direito" do general De Gaulle), aos 60 anos de idade foi o vice-presidente da Comissão de Direitos Humanos da ONU, responsável pela elaboração da DUDH, e afirmou sobre ela:[149]

> A Declaração de 1948 retirou da Declaração dos Direitos do Homem e do Cidadão, de 1789, o que continha de universal, a saber os grandes princípios de liberdade, igualdade e fraternidade. Foi mais longe ao proscrever todas as discriminações entre os membros da família humana, no que concerne ao gozo das liberdades fundamentais, quer por motivo de sexo, raça, língua ou religião, opiniões, origem nacional ou social, fortuna, nascimento e situação, ou por motivo do estatuto político, jurídico ou internacional do país ou território de que sejam habitantes. E proclama o direito de todo indivíduo a uma nacionalidade, e o de todo perseguido, a um asilo.[150]

A DUDH foi o primeiro instrumento jurídico da comunidade internacional a dirigir-se aos Estados e aos indivíduos:

> A Assembleia Geral proclama
>
> A presente DUDH como o ideal comum a ser atingido

---

[149]   Gerard Israel. *René Cassin e os Direitos Humanos*. São Paulo: EDUSP, 2010 [2007], p. 54.
[150]   Cícero e Laura Constância Sandroni. *Austregésilo de Athayde: O século de um liberal*. Rio de Janeiro: Agir, 1988, p. 471.

por todos os povos e todas as nações, com o objetivo de que cada indivíduo e cada órgão da sociedade, tendo sempre em mente esta Declaração (...).

Ao dirigir-se a todos os indivíduos, a Declaração faz valer seu adjetivo: universal. Nas palavras de Lafer:[151]

> Nesse sentido é um marco na afirmação histórica da plataforma emancipatória do ser humano representada pela promoção dos direitos humanos como critério organizador e humanizador da vida coletiva na relação governantes-governados. No plano internacional, representa um evento inaugural, à semelhança do que foi, a seu tempo, no plano interno, a passagem do dever dos súditos para os direitos dos cidadãos.

Lafer[152] afirma que o processo de internacionalização dos direitos humanos "foi antecipada no plano das ideias pela reflexão de Kant", em particular o direito cosmopolita, que diz respeito "aos seres humanos e aos Estados em suas relações de interdependência como um Estado universal da humanidade".

Esclarece Immanuel Kant (1724-1804)[153], nas primeiras linhas do terceiro artigo definitivo no ensaio em forma de tratado "À Paz Perpétua: um projeto filosófico (1795-1796) ", a respeito do Direito Cosmopolita:

> O *direito cosmopolita* deve limitar-se às condições da *hospitalidade* universal. Fala-se aqui, como nos artigos anteriores, não de filantropia, mas de direito, e *hospita-*

---

151 Celso Lafer, op.cit., p. 7.
152 Ibid., pp. 6-8.
153 Immanuel Kant. *A Paz Perpétua e outros opúsculos*, tradução de Artur Morão. Lisboa: Edições 70, 1995, p.137.

lidade significa aqui o direito de um estrangeiro a não ser tratado com hostilidade em virtude de sua vinda ao território de outro. Este pode rejeitar o estrangeiro, se isso puder ocorrer sem a ruína dele, mas enquanto o estrangeiro se comportar amistosamente no seu lugar, o outro não o deve confrontar com hostilidade.

No último parágrafo do terceiro artigo definitivo Kant esclarece a "natureza" do direito cosmopolita:[154]

> Ora, como se avançou tanto no estabelecimento de uma comunidade (mais ou menos estreita) entre os povos da Terra que a violação de um direito num lugar da Terra se sente em todos os outros, a ideia de um direito cosmopolita não é nenhuma representação fantástica e extravagante do direito, mas um complemento necessário de código não escrito, tanto do direito político como do direito das gentes, num direito público da humanidade em geral e, assim, num complemento da paz perpétua, em cuja contínua aproximação é possível encontrar-se sob essa condição.

As seguintes palavras de René Cassin[155], em um artigo escrito a propósito da elaboração da DUDH, fazem eco ao direito cosmopolita proposto por Kant:

> Devemos então agir. De uma maneira mais precisa, devemos buscar aqui como, em se apoiando sobre os princípios e sobre a técnica, o direito internacional e, mais alto ainda, o direito da sociedade universal dos homens, a comunidade jurídica do gênero humano

---

[154] Immanuel Kant, op. cit., p. 140.
[155] René Cassin. *La Declaration Universelle et la mise en oeuvre des droits de l'homme.* RCADI, Tome. 79 (II), 1951, pp. 239-367; p. 243.

pode fornecer proteção e garantia às liberdades fundamentais dos indivíduos que a compõem.

Diversos estudiosos[156] consideram Cassin o responsável pela introdução do adjetivo "universal" na DUDH. Apesar da quase unanimidade dessa afirmação, alguns novos estudos indicam que Cassin tinha – indubitavelmente – uma perspectiva cosmopolita, mas simultaneamente um olhar etnocêntrico[157].

> (...) não existe nenhuma dúvida de que Cassin concebeu os direitos humanos emergindo da tradição política francesa enraizada na "verdadeira" cultura da França – sua linguagem, suas leis e sua literatura. Ao mesmo tempo, a relação entre os pontos de vista de Cassin e aqueles representados pelos "não europeus" envolvidos na formulação de um documento internacional de direitos humanos na segunda metade do século XX – homens e mulheres como Menon, Metha, Romulo, e Chang – também deixa claro que não podemos simplesmente dispensar a história dos direitos humanos como uma história paroquial de ambições europeias.

Sem entrar em discussões a respeito da natureza da visão cosmopolita de Cassin, importa reafirmar o novo que foi o universal. O que faz desse adjetivo uma resposta à ruptura causada pelos campos de concentração.

---

156 Veja nesse sentido: Gérard Israel, *René Cassin e os Direitos Humanos*. Tradução Renata Nagamine e Laurent de Saes. São Paulo: EDUSP, 2010 [2007], pp. 161-3.

157 Glenda Sluga. René Cassin: *Les Droits de l'homme and the Universality of Human Rights, 1945-1966*. In: Stefan-Ludwig Hoffmann (editor). *Human Rights in the Twentieth Century*. New York: Cambridge University Press, 2011, pp. 107-24; p. 124.

2.1.3) A dignidade da pessoa humana e o personalismo na DUDH

> Esta é a primeira vez que os princípios dos direitos humanos e das liberdades fundamentais são descritos de modo impositivo e em detalhes precisos. Eu agora sei que meu governo se comprometeu a promover, conquistar e observar (...). Posso me manifestar contra o meu governo e, se ele não cumprir seu compromisso, terei o apoio moral do mundo todo. (Charles Malik)

Os direitos humanos são de natureza jurídica, mas o que lhes confere uma aparência de natureza moral é o sentido de sua validade, que ultrapassa a ordem jurídica dos Estados-nação.[158]

É importante ter claro que a DUDH, em termos concretos, significou a emergência histórica da pessoa humana no âmbito do Direito Internacional e também do Direito Cosmopolita, na perspectiva kantiana. Para Habermas:[159]

> Bem ao contrário, a chave do direito cosmopolita reside no fato que ele concerne, para além dos sujeitos coletivos de direito internacional, o *status* de sujeito de direito individuais, fundando entre eles um pertencimento direto à associação de cosmopolitas livres e iguais.

Para Jens David Ohlin[160] a pessoa funciona como um conceito "guarda-chuva" no âmbito dos direitos humanos. No que se relaciona ao

---

[158] Jurgen Habermas. *La Paix Perpétuelle. Le bicentenaire d'une idée kantienne.* Tradução Rainer Rochlitz. Paris: Les Éditions du Cerf, 1996, p. 86.

[159] Ibid., p. 54.

[160] Jens David Ohlin "Is the Concept of the Person Necessary for Human Rights?" (2005). *Cornell Law Faculty Publications*, paper 434. <http://scholarship.law.cornell.edu/facpub/434> p. 22-6. Acesso: 18.set. 2017.

presente texto, lembro as quatro dimensões da pessoa proposta por Rainer Forst:[161] 1) moral; 2) ética; 3) de direito; e 4) cidadão. A DUDH reconhece a pessoa humana no horizonte da "comunidade jurídica do gênero humano". Esse reconhecimento abrange as dimensões moral e ética. Todavia, a pessoa de direito não foi abrangida por referido reconhecimento, pois a DUDH não era, à época de sua elaboração, um instrumento jurídico vinculante, o que veio a acontecer posteriormente, quando a declaração se transformou, em uma norma do *jus cogens*, por ser considerada um costume internacional.

No plano da moralidade universal, a DUDH contribuiu para várias mudanças na própria ONU. O sistema internacional de tutelas passou a contar com o trabalho de diversos profissionais comprometidos com o processo de descolonização dos "países tutelados"[162]. No dia 22 de outubro de 1962, ao ser preso, o líder sul-africano Nelson Mandela (1918-2013) afirmou: "A Declaração Universal dos Direitos Humanos estabelece que todos os homens são iguais perante a lei".[163] O texto da DUDH foi o documento mais traduzido na história,[164] o que mostra a amplitude de sua divulgação.

No tocante a duas características do valor apontadas por Miguel Reale (1910-2006), vale dizer realizabilidade e inexauribilidade, a DUDH possibilitou a generalização do valor da dignidade da pessoa, transformando a pessoa em uma "invariante axiológica" e, simultaneamente, possibilitou a elaboração de diversos instrumentos jurídicos, o que a transformou no documento matriz do

---

161 Rainer Forst. *Os Contextos da Justiça. Filosofia política para além do liberalismo e comunitarismo.* Tradução Denilson Luis Werle. São Paulo: Boitempo, 2010 {1994}, p. 341.

162 Entre eles, Ralph Bunche, ganhador do Nobel da Paz em 1950. Para um aprofundamento dessa questão, veja Paul Gordon Lauren, *The Evolution of International Human Rights – Visions Seen.* Philadelphia: Pennsylvania Studies in Human Rights, 2011, pp. 234-42.

163 Paul Gordon Lauren, op. cit., p. 238.

164 Ibid., p. 231.

Direito Internacional dos Direitos Humanos. A inexauribilidade da dignidade da pessoa demandava a elaboração de tratados vinculantes, o que seria realizado posteriormente.

A elaboração da DUDH propiciou o que Hans Joas chama de um processo de generalização de um valor.[165]

> A generalização de valores não é, portanto, nem um consenso no sentido do discurso argumentativo racional nem uma simples decisão de coexistência pacífica apesar do dissenso ideológico insuperável. Uma vez mais evidencia-se que o resultado de uma comunicação exitosa referente a valores é maior ou menor que o resultado de um discurso racional: não chega a ser um consenso pleno, mas uma modificação recíproca dinâmica e um impulso para a renovação da respectiva tradição própria de cada qual.

Tal processo de generalização do valor da dignidade da pessoa só foi possível graças à irradiação de feixes axiológicos provenientes de diversas tradições, a saber: 1) liberdade e pluralidade do pensar (Grécia); 2) consciência dos valores autônomos do Direito (Roma); 3) reconhecimento da igualdade da natureza humana (Cristianismo); 4) governo para os indivíduos, e não o contrário (Liberalismo); 5) exigência da igualdade perante a vida e a cultura (Socialismo).[166]

Concentrar-me-ei na análise da contribuição do legado histórico do cristianismo. De acordo com Samuel Moyn,[167] com o final da

---

[165] Hans Joas, op. cit., p. 259.

[166] Celso Lafer. "Reflexões sobre o historicismo axiológico em Miguel Reale e os direitos humanos no plano internacional". In: *O Pensamento de Miguel Reale – Actas do IV Colóquio Tobias Barreto*. Instituto de Filosofia Luso-Brasileira: Viana do Castelo, 1998, pp.167-74.

[167] Samuel Moyn. "Personalism, Community, and the Origins of Human Rights". In: Stefan-Ludwig Hoffmann (editor). *Human Rights in the Twentieth Century*. Nova York: Cambridge University Press, 2011, pp. 85-106.

Segunda Guerra Mundial e o colapso momentâneo das doutrinas fascista e capitalista, era imperioso encontrar uma doutrina capaz de "reinventar" o humanismo europeu, vale dizer: o personalismo.

De acordo com o personalismo, o fundamento da sociedade é a pessoa, que difere do indivíduo, pois é um ser relacional em três dimensões: 1) consigo próprio; 2) com seu semelhante; e 3) com o transcendente, que, para alguns, pode ser Deus. O horizonte da proposta é uma civilização personalista.[168]

A semelhança com o conceito de sacralidade da pessoa de Durkheim é evidente, apesar de não citado nas principais obras dessa corrente doutrinária. O criador da expressão *personalismo*, Charles Renouvier (1815-1903), era considerado um "mestre" tanto por Durkheim como pelos filósofos personalistas.

Um dos principais pensadores personalistas foi Emmaneul Mounier (1905-1950), autor do "Manifesto a Serviço do Personalismo" (1936), e, em 1949, do livro *O personalismo* (volume 395, da coleção "Que sais-je?"). Mounier é também um dos fundadores da revista *Esprit*. Outro pensador francês de inspiração tomista e bastante influente no personalismo é Jacques Maritain (1882-1973), autor do livro *Os direitos do homem e a Lei Natural*.

Na elaboração da DUDH, dois profissionais de orientação personalista tiveram posição de destaque. O primeiro é Charles Malik (1906-1987), libanês cristão, filósofo e diplomata, integrante da Comissão de Direitos Humanos responsável pela elaboração da DUDH. Afirma Malik, no ano de 1951, para uma plateia universi-

---

[168] Emmanuel Mounier. *Le Personnalisme*. Paris: PUF, 1949, coleção "Que sais-je?", p. 35. <http://classiques.uqac.ca/classiques/Mounier_Emmanuel/personnalisme/personnalisme. html>. Acesso: 18.set. 2017.

tária: "Para o cristianismo, a pessoa humana individual tem um absoluto valor (...) O último grau de toda a nossa liberdade é a doutrina cristã da absoluta inviolabilidade da pessoa humana".[169]

O outro profissional, que participou como delegado das Filipinas na ONU, foi Carlos Peña Romulo (1898-1985), que teve um importante papel durante os debates da DUDH na assembleia geral.[170] Jurista personalista e jusnaturalista, Romulo afirmou em um texto escrito em 1949:[171]

> A DUDH demonstrou muito claramente a tendência de trabalhar um sistema de Direito Internacional em conformidade e o mais próximo possível do direito natural (...) Nós podemos nos encontrar diante de um aparente paradoxo de o Cristianismo emergir como o único programa prático para uma paz duradoura e ordem equitativa em nosso conturbado mundo.

A palavra "pessoa" aparece cinco vezes no preâmbulo e em diversos artigos da DUDH.[172] O jurista espanhol Juan Antonio Carrillo Salcedo (1934-2013)[173] propõe uma divisão da DUDH em cinco grupos de direitos: 1) direitos inerentes à pessoa (art. 3, 4, 5, 6, 7); 2) direitos que garantem a segurança das pessoas (art. 8, 9, 10, 11, 12 e 14); 3) direitos relativos à vida política do indivíduo (art. 18, 19, 20 e 21); 4) direitos econômicos e sociais (art. 17, 22, 23,

---

169 Samuel Moyn. "Personalism, Community, and the Origins of Human Rights". In: Stefan-Ludwig Hoffmann (editor). *Human rights in the Twentieth Century*. Nova York: Cambridge University Press, 2011, pp. 85-106; p. 99.

170 Samuel Moyn. Ibidem.

171 Carlos Romulo. *Natural Law and International Law*. University of Notre Dame Natural Law Institute Proceedings, 3 (1949), 121, 126.

172 Estou tomando como base o texto em inglês do site da ONU: <www.un.org>. Acesso: 7.set. 2017.

173 Juan Antonio Carrillo Salcedo. *Soberanía de los estados y derechos humanos en derecho internacional contemporáneo*. Madri: Tecnos, 2001, p. 55.

24, 25, 26 e 27); e 5) direitos relativos à vida jurídica e social dos indivíduos (art. 13, 15 e 26).

Carrillo Salcedo parece definir pessoa como o indivíduo em relação a algum outro indivíduo ou a uma instituição, e indivíduo quando o exercício de um direito ocorre de forma não relacional, por exemplo, o direito à nacionalidade. O que observo nesses cinco grupos é que os direitos destinados a pessoas, ou seja, os inerentes a ela e os que garantem sua segurança, somam onze direitos, o que significa dizer que mais de dois terços da DUDH são destinados à dignidade da pessoa.

O substantivo "dignidade" foi estabelecido no quinto considerando do preâmbulo da DUDH e vem "reafirmar" a afirmação do segundo parágrafo do preâmbulo da Carta da ONU.

> Considerando que os povos das Nações Unidas reafirmaram, na Carta, sua fé nos direitos humanos fundamentais, na dignidade, no valor da pessoa humana e na igualdade de direitos dos homens e das mulheres, e que decidiram promover o progresso social e melhores condições de vida em uma liberdade mais ampla.

A explicitação enfática da "fé (...) na dignidade e no valor da pessoa humana", tem um quê de personalismo e reverbera a "sacralidade da pessoa" de Durkheim. O sagrado nesses dois textos não se relaciona com uma "fé religiosa", mas, sim, uma "fé" no âmbito da moralidade.[174] A generalização do valor da sacralidade da pessoa que teve lugar com a elaboração da DUDH foi também o momento inicial de uma nova narrativa: da dignidade universal da pessoa humana.

---

174   Nesse sentido, o clássico texto de Rudolf Otto (1869-1937), *O Sagrado* (1917).

A dignidade da pessoa humana a reveste de uma aura de não violência e respeito, e a proteção da dignidade é o que possibilitará à pessoa o exercício de direitos como sujeito de direito.

2.2) Sujeitos de Direito nas três vertentes da Proteção Internacional dos Direitos da Pessoa Humana

O conceito jurídico de sujeito de direito, em inglês, apresenta duas expressões sinônimas: 1) *Subject of Law*; e 2) *Legal Person*, de forma que o *status* jurídico de pessoa é o pré-requisito para o exercício de direitos, só pessoas (humanas ou não humanas)[175] têm a possibilidade de serem categorizados como sujeitos de direito.

A dignidade da pessoa humana está diretamente relacionada ao seu *status* jurídico de pessoa. Dito de outro modo:

> (...) mas as próprias pretensões normativas fundamentam-se a partir de uma moral universalista cujo conteúdo há algum tempo foi introduzido, por meio da ideia de dignidade humana, nos direitos humanos e nos direitos dos cidadãos das constituições democráticas (...)[176].

Foi essa premissa do Direito que levou Hannah Arendt[177] a afirmar:

> Os próprios nazistas começaram sua exterminação dos judeus privando-os, primeiro, de toda condição legal

---

[175] A discussão a respeito do "direito dos animais" propõe a existência de pessoas não humanas.

[176] Jurgen Habermas. *O Conceito de dignidade humana e a utopia realista dos direitos humanos* em *Sobre a Constituição da Europa: Um ensaio.* Tradução de Denilson Luis Werle, Luiz Repa e Rúrion Melo. São Paulo: Editora Unesp, 2012 [2011], pp. 7-37; pp 36-7.

[177] Hannah Arendt. *Origens do totalitarismo – Antissemitismo, imperialismo, totalitarismo.* Tradução de Roberto Raposo. São Paulo: Companhia das Letras,1989 [1949], p. 329.

(isto é, da condição de cidadãos de segunda classe) e separando-os do mundo para ajuntá-los em guetos e campos de concentração; e, antes de acionarem as câmaras de gás, haviam apalpado cuidadosamente o terreno e verificado para sua satisfação que nenhum país reclamava aquela gente. O importante é que se criou uma condição de completa privação de direitos antes que o direito à vida fosse ameaçado.

"Morte social" era o nome dado à situação de "completa privação de direitos" vivenciada pelos judeus durante o regime nazista. Uma história ilustrativa desse fenômeno foi o caso de:

> um tribunal alemão que declarou um judeu legalmente morto, e com "total incompetência legal" e "ausência de direitos" apenas porque era um judeu. Assim como a morte impossibilita alguém de continuar existindo no mundo físico, no Terceiro Reich, ser judeu tornava esse homem incapaz de "exercer seus deveres" como diretor de um filme. Seu contrato com a produtora do filme foi cancelado porque sua condição de judeu tornava-o legalmente morto.[178]

A fim de evitar situações que levem uma pessoa à "morte social", foi elaborado o artigo VI da DUDH: "Toda pessoa tem o direito de ser, em todos os lugares, reconhecida como pessoa perante a lei".

A dignidade da pessoa humana deve ser respeitada e protegida por parte do Estado e de todos os cidadãos e todas as cidadãs de uma comunidade política A inovação que a Carta da ONU e a DUDH trouxeram ao Direito Internacional ao reafirmarem "a fé

---

178 Johannes Morsink. *The Universal Declaration of Human Rights: Origins, Drafting and Intent*. Philadelphia: Pennsylvania Studies in Human Rights, 1999, p. 45. Observo que o caso relatado foi apresentado durante as discussões da elaboração do artigo VI.

na dignidade no valor da pessoa humana" foi "um processo de humanização da ordem internacional, uma vez que o Direito Internacional começou a dar entrada aos povos e à pessoa, rompendo, assim, o exclusivismo tradicional dos Estados como únicos sujeitos de Direito Internacional".[179]

Elaborada a DUDH, a tarefa da Comissão de Direitos Humanos da ONU era criar instrumentos jurídicos no âmbito internacional que vinculassem os Estados ao respeito aos direitos humanos. Isso foi realizado por meio dos Pactos de Direitos Humanos, a saber: Pacto de Direitos Civis e Políticos e Pacto de Direitos Econômicos, Sociais e Culturais. Os dois foram aprovados na Assembleia Geral da ONU em 16 de dezembro de 1966, tendo entrado em vigor o Pacto de Direitos Civis e Políticos no dia 23 de março de 1976, e o Pacto de Direitos Econômicos, Sociais e Culturais no dia 03 de janeiro de 1976.

Antes desses pactos, passaram a vigorar três tratados internacionais correspondentes às três vertentes da Proteção Internacional dos Direitos da Pessoa Humana, vale dizer: Direito Internacional Humanitário, Direito Internacional dos Refugiados e Direito Internacional dos Direitos Humanos. As datas de assinatura dos tratados em tela foram (por ordem cronológica): 1) Convenção para melhorar a condição dos feridos nos exércitos em campanha (1864); 2) Convenção de Genebra do Estatuto de Refugiado (1951); e 3) Convenção Internacional sobre a Eliminação de todas as formas de Discriminação Racial (1965).

A proposta teórica da existência de três vertentes da proteção internacional dos direitos da pessoa humana foi apresentada em

---

[179] Juan Antonio Carrillo Salcedo. *Derechos Humanos y Derecho Internacional.* Isegoría / 22 (2000) pp. 69-81; p.73.

uma de suas primeiras manifestações no artigo "Derechos Humanos, Derecho Internacional Humanitario y Derecho Internacional de los Refugiados", do jurista uruguaio Hector Gros Espiell (1926-1990),[180] que afirma:

> Com uma acepção muito ampla poderiam considerar-se como integrando o Direito internacional dos Direitos Humanos todas as normas e todos os princípios internacionais destinados a proteger e garantir direitos aos indivíduos, qualquer que fosse a situação jurídica desses indivíduos (civis; militares; nacionais; estrangeiros; homens; mulheres; combatentes; não combatentes etc.) tanto no território do país em que são residentes como no estrangeiro, seja qual for a razão pela qual decidiram sair desse país ou ingressar em outro.

Antônio Augusto Cançado Trindade[181] esclarece que essas três vertentes têm um objetivo central em comum, isto é: "a proteção da pessoa humana em todas e quaisquer circunstâncias. A prática internacional encontra-se repleta de casos de operação simultânea ou concomitante de órgãos que pertencem aos três sistemas de proteção".

Esclarece Cançado Trindade[182] que, no aspecto normativo, alguns exemplos mostram a convergência das três vertentes. O mais em-

---

180 Hector Gros Espiell. *Derechos Humanos, Derecho Internacional Humanitario y Derecho Internacional de los Refugiados* In Études et essais sur le droit international humanitaire et sur les principes de Croix Rouge en l'honneur de Jean Pictet (ed.Christophe Swinarski). Genève, La Haye CICR Nijhoff, 1984 pp. 706-11; p. 708.

181 Antonio Augusto Cançado Trindade. "Direito Internacional dos Direitos Humanos, Direito Internacional Humanitário, Direito Internacional dos Refugiados – Aproximações ou convergências". In: *As Três Vertentes da Proteção Internacional dos Direitos da Pessoa Humana – Direitos Humanos, Direito Humanitário, Direito dos Refugiados*. San José: IIDH,1996, pp. 29-85; p. 29.

182 Cançado Trindade, op. cit., pp. 31-2.

blemático deles talvez seja o artigo 3º comum às quatro Convenções de Genebra (CICV), que estabelece quatro direitos mínimos que as partes envolvidas em um conflito armado terão de aplicar em qualquer tempo e lugar, para as pessoas que não estejam participando das hostilidades, vale dizer: 1) integridade física; 2) proibição da tomada de reféns; 3) integridade psíquica; e 4) devido processo legal (*due process of law*).[183] No tocante ao DIR, o princípio do *non-refoulement* (não devolução) presente no artigo 33 da Convenção de Genebra do Estatuto do Refugiado (1951) consta também do artigo 3 da Convenção contra a Tortura e outros tratamentos cruéis, desumanos ou degradantes (1987) e artigo 22, inciso 8 e 9 do Pacto de San José (Convenção Americana de Direitos Humanos) de 1969. Em relação ao Direito Internacional dos Direitos Humanos *strictu sensu*, a Convenção dos Direitos da Criança (1990), no seu artigo 22, determina a proteção e assistência humanitária a crianças refugiadas.

Outro fator de convergência e aproximação dessas três vertentes é o princípio comum de orientação para elaboração de suas normas, ou seja: o princípio da não violência.[184]

Nos três próximos itens farei uma análise histórica da emergência do sujeito de direito nessas três vertentes da proteção internacional dos direitos da pessoa humana. Farei esse estudo descrevendo o momento inicial da elaboração normativa da definição de sujeito de direito, além do contexto histórico das primeiras conven-

---

[183] Para um texto completo do artigo, <www.icrc.org>. Sérgio Vieira de Mello (1948-2003), em 1999, quando ocupava o posto de secretário de assuntos humanitários da ONU, em palestra apresentada em Brasília, à qual tive a alegria de assistir, afirmou que o respeito aos direitos humanos previstos no artigo 3 comum às quatro Convenções de Genebra deve ser visto como um "divisor de águas" entre civilização e barbárie.

[184] Para um aprofundamento desse tópico, veja Guilherme Assis de Almeida, *Direitos Humanos e Não Violência*, 2ª edição. São Paulo: Atlas, 2015.

ções, a saber: A Convenção para melhorar a condição dos feridos nos exércitos em campanha (1864); A Convenção de Genebra do Estatuto do Refugiado (1951); e a Convenção Internacional para Eliminação de todas as Formas de Discriminação Racial (1965).

A seguir, portanto, a emergência histórica dos três primeiros sujeitos de direito da Proteção Internacional dos Direitos da Pessoa Humana: feridos, refugiados e discriminados.

2.2.1) Sujeito de Direito no Direito Internacional Humanitário (DIH)

"Inter armas, caritas" (lema do CICV).

É importante ressaltar que Durkheim não era o único cidadão da Europa que transformava a defesa da sacralidade da pessoa em um engajamento político. O cidadão genebrino Henry Dunant (1828-1910) – um protestante – no dia 22 de junho de 1859 testemunhou em Solferino (norte da Itália) uma batalha que durou quinze horas e, como resultado, deixou seis mil mortos e cerca de quarenta mil feridos. Foi a batalha mais sangrenta do continente europeu desde a batalha de Waterloo. Dunant participou ativamente do socorro aos feridos.[185]

Algum tempo depois, Dunant escreveu, na cidade de Genebra, o relato do que presenciou. Esse testemunho transformou-se no livro *Un souvenir de Solférino*. Em novembro de 1862, foram editadas 1.600 cópias, distribuídas para amigos e parentes de Dunant,

---

185 François Bugnion. "Birth of an idea: the founding of the International Committee of the Red Cross and of the International Red Cross and Red Crescent Movement: from Solferino to the original Geneva Convention (1859-1864)". In: *International Review of the Red Cross Humanitarian Debate: Law, Policy, Action*. vol. 94, nº 888, winter 2012 special number ICRC: 150 Years of Humanitarian Action, pp.1299-338; p. 1301.

bem como para diversos governantes, militares, escritores e filantropos. Em poucos meses, o livro foi reimpresso duas vezes e traduzido para holandês, italiano e alemão.[186]

A seguir um breve trecho da tragédia testemunhada por Dunant:[187]

> Aqui é uma luta corpo a corpo, horrível, pavorosa: austríacos e aliados pisoteiam-se, matam-se uns aos outros sobre os cadáveres que sangram, (...) quebram-se os crânios, retiram suas tripas com o sabre ou a baioneta, não há mais solo; é uma carnificina, um combate de bestas ferozes, furiosas e embriagadas de sangue; os feridos mesmo se defendem até suas últimas forças, aquele que não tem mais arma agarra seu adversário pela garganta, a qual ele rasga com seus dentes.

A primeira batalha sangrenta da história da humanidade não ocorreu em Solferino, todavia o que a diferenciou das outras foi que alguém narrou suas atrocidades e, mais do que isso, fez uma proposta concreta a fim de minimizar os sofrimentos de uma descontrolada situação de violência.

Em seu livro, Dunant apresentou três sugestões práticas para diminuir o sofrimento das vítimas no campo de batalha: 1) criação, nos diferentes países da comunidade internacional, de uma organização nacional particular, de caráter permanente, para contribuir com o serviço médico dos exércitos nacionais; 2) pessoas fora de combate que não participavam das hostilidades deviam ser consideradas "neutras" e ser protegidas por um sinal que as distinguisse; 3) formulação de um instrumento jurídico, de caráter in-

---

[186] François Bugnion, op. cit., pp. 1305-6.
[187] Henry Dunant. *Recuerdos de Solferino*. Genebra: Comitê Internacional da Cruz Vermelha, 1982 [1858], p. 42.

ternacional, a fim de tornar mais fácil a tarefa dessas organizações e garantir um tratamento adequado para as vítimas de guerra.[188]

Memórias de Solferino vem a confirmar a tese de Hans Joas a propósito da imprescindibilidade das narrativas para a gênese de um valor. Com essa narrativa foi que tudo começou...

Um dos cidadãos de Genebra para quem Dunant entregou o livro foi o jurista Gustave Moynier (1826-1910). Moynier, então presidente da Sociedade de Bem-Estar Público de Genebra, sugere a Dunant uma reunião nessa sociedade a fim de apresentar suas ideias e obter o apoio para concretização de suas propostas. A primeira reunião, em 15 de dezembro de 1862, não encontrou muita receptividade da diretoria.[189]

Moynier não desistiu e convocou uma reunião da assembleia geral da Sociedade de Bem-Estar Público para o dia 9 de fevereiro de 1863. A assembleia geral nomeou cinco membros para a elaboração de um estatuto de uma nova sociedade; foram eles, além de Dunant e Moynier: general Guillaume-Henri Dufour (1787-1875), dr. Louis Appia (1818-1898); mr. Théodore Maunoir (1806-1869).[190]

Esse comitê de redação reuniu-se pela primeira vez no dia 17 de fevereiro de 1863 e estabeleceu o Comitê Internacional de Ajuda aos Soldados Feridos com o objetivo de promover a criação de sociedades nacionais de socorro e viabilizar a elaboração de um tratado internacional. Um dos últimos parágrafos da ata (Dunant era o secretário responsável pela redação) do primeiro encon-

---

188 Gérard Peytrignet. "Sistemas internacionais de proteção da pessoa humana: O Direito Internacional Humanitário". In: *As Três Vertentes da Proteção Internacional dos Direitos da Pessoa Humana – Direitos Humanos, Direito Humanitário, Direito dos Refugiados*. San José: IIDH,1996, pp. 125-215; pp. 129-30.

189 François Bugnion, op. cit., pp. 1308-9.

190 Ibid., p. 1308-9.

tro do Comitê Internacional de Ajuda aos Soldados Feridos deixa cristalino o "espírito da época" pela utilização do conceito de civilização e do adjetivo sagrado:

> Finalmente, Mr. Dunant particularmente enfatizou a esperança que expressou no seu livro *Memória de Solferino*: que os poderes civilizados deviam subscrever a um princípio internacional e sagrado que seria consagrado e garantido em uma espécie de concordata entre os governantes, servindo como uma garantia para todas pessoas oficiais e não oficiais devotadas à ajuda às vítimas da guerra.[191] (grifo do autor)

No dia 6 de junho de 1864, o governo suíço, a pedido do Comitê e com apoio do governo da França, encaminhou um convite para todos os governos da Europa (incluindo o Império Otomano), bem como para os Estados Unidos, o México e o Brasil, para realização de uma conferência diplomática: Conferência Internacional para Neutralização do Serviço de Saúde Militar em Campanha. A conferência realizou-se em Genebra de 8 a 22 de agosto de 1864 e contou com a presença de dezesseis Estados.[192]

Pelo Comitê de Genebra participaram da Conferência seus cinco membros. O general Dufour e Moynier participaram como delegados suíços, já Dunant, Appia e Maunoir estiveram presentes como observadores "sem direito a voz ou voto". O general Dufour foi apontado como *chairman*, indicando Moynier como seu auxiliar, sendo ele o principal redator da minuta da Convenção.[193]

No dia 22 de agosto de 1864 foi aprovada "A Convenção para melho-

---

191 François Bugnion, op. cit., p. 1335.
192 Ibid., p. 1323.
193 Ibid., p. 1324.

rar a condição dos feridos nos exércitos em campanha", contendo dez artigos. Os tópicos que mereceram destaque são os seguintes:[194]

> na guerra terrestre, as ambulâncias e os hospitais militares "serão reconhecidos neutros e, como tais, protegidos e respeitados pelos beligerantes enquanto enfermos e feridos estiverem neles"; o pessoal dos hospitais e o pessoal das ambulâncias não só não podem ser feitos prisioneiros nem atacados, senão que, pelo contrário, participarão "do benefício da neutralidade, quando exerçam suas funções e enquanto existirem feridos que recolher ou socorrer"; "os militares feridos ou enfermos serão recolhidos e cuidados, seja qual for a nação a que pertençam", e muito importante também, "os hospitais, as ambulâncias e as evacuações" levarão como distintivo uma bandeira branca com uma Cruz Vermelha.[195]

A questão central da convenção em tela não é o exercício de direitos e, sim, a "pessoa protegida". Essa também é, atualmente, a linguagem usual do Direito Internacional Humanitário. Nesse sentido, esclarecem Kalshoven e Zegveld: "O direito de Genebra protege a todas as pessoas que, por consequência de um conflito armado, estão em poder do adversário. (...) Garante-se uma proteção desse tipo pela primeira vez, em 1864, 'aos militares feridos nos exércitos em campanha' (...)"[196].

Depois da convenção de 1864, outros instrumentos jurídicos contribuíam para o desenvolvimento do atualmente conhecido como

---

194 As aspas no texto referem-se à Convenção.
195 Frits Kalshoven e Liesbeth Zegveld. *Restricciones en la Conducción de la Guerra – Introducción al derecho internacional humanitario*. Tradução de Margarita Polo. Buenos Aires: Centro de Apoyo en Comunicación para América Latina (CICR), 2005 [1987], p. 30-1.
196 Ibid., p. 59.

"direito de Genebra". No ano de 1889, foi assinado um tratado pelo qual os princípios da Convenção de 1864 aplicavam-se também aos feridos, enfermos e náufragos no mar. Em 1906 foi realizada uma revisão da Convenção de 1864 e, no ano de 1907, a revisão da convenção de 1899. Após a Primeira Guerra Mundial, no ano de 1929, foi realizada uma nova conferência em Genebra, que atualizou as duas primeiras e criou uma terceira: dos prisioneiros de guerra. Depois da Segunda Guerra Mundial (1949), uma nova conferência que atualizou as três convenções anteriores, criou uma quarta para a população civil em tempo de guerra e o artigo 3º comum às quatro convenções de Genebra.[197] Em todas elas, a preocupação central é a proteção da pessoa fora de combate.

O historiador alemão Jurgen Osterhammel aponta a influência do Comitê Internacional da Cruz Vermelha e do estabelecimento de seus comitês nacionais como um fator de internacionalização e do estabelecimento de "normas universais" durante a segunda metade do século XIX.[198]

O jurista Gustave Moynier (redator da Convenção de 1864) ficou perplexo logo após a Guerra Franco-Prussiana (1870) com o uso inadequado do emblema da Cruz Vermelha. Comentou Moynier a esse respeito: "(...) Esse estado de coisas parece me que muito contribuiu para intensificar as já inflamadas paixões e dar à batalha uma selvageria indigna das nações civilizadas".[199] Gustave Rolin-Jaequemyns (1835-1902) foi um dos fundadores da *Revue de Droit International et Législation Comparée*, publicada no final de 1868, a primeira "revista científica" de amplitude internacio-

---

[197] Frits Kalshoven e Liesbeth Zegveld, op. cit., p. 31.

[198] Jurgen Osterhammel, op. cit., pp. 505-6.

[199] André Durand. "The Role of Gustave Moynier in the Founding of the Institute of International Law (1873)". *International Review of the Red Cross*, vol. 34, 1994, pp. 543-63; p. 544.

nal.[200] Rolin foi um admirador da Convenção de 1864 e, com o apoio de Moynier, participou ativamente da fundação do Instituto de Direito Internacional (1873). O artigo 1 do Instituto estabelece: "O Instituto de Direito Internacional deve agir como um organismo científico da consciência jurídica do mundo civilizado".[201]

A adesão de Moynier à narrativa das "nações civilizadas" não impossibilita Moynier de ser um defensor da humanidade.

> A característica essencial das sociedades sob os auspícios da Cruz Vermelha é o espírito que as anima, o espírito de caridade que as leva ao resgate onde sangue for encontrado em um campo de batalha, e sentir a mesma preocupação em relação a um ferido estrangeiro e a um ferido de seu próprio país. As sociedades constituem um vivo protesto contra o patriotismo selvagem que sufoca qualquer sentimento de piedade por um sofrimento do inimigo. Elas estão trabalhando para derrubar barreiras condenadas pela consciência de nosso tempo, barreiras que o fanatismo e a barbárie elevaram e ainda, muito frequentemente, empenham-se em manter entre os membros de uma só família, a espécie humana.[202]

A elaboração do atual Direito Internacional Humanitário ilustra a falta de linearidade da internacionalização dos Direitos Humanos. Uma história plena de começos, recomeços e novas descobertas. A esse respeito, dois fatos ilustrativos: o Comitê Internacional da

---

200 Martti Koskenniemi. *The Gentle Civilizer of Nations – The Rise and Fall of International Law 1870-1960*. "Hersch Lauterpacht Memorial Lectures". Cambridge: Cambridge University Press, 2008 [2001], p. 14.

201 Martti Koskenniemi, op. cit. p.42. Trata-se do mesmo Instituto que elaborou a Declaração Internacional dos Direitos do Homem, como visto anteriormente.

202 François Bugnion, op. cit., p. 1328.

Cruz Vermelha (CICV) adotou essa denominação em um encontro de 20 de dezembro de 1875[203] e a designação de Direito Internacional Humanitário só foi proposta após as quatro Convenções de Genebra de 1949.[204]

O adjetivo "humanitário" é usado para especificar o âmbito de proteção desse ramo do Direito Internacional Público.

> Nesse sentido, a humanidade protegida pelo Direito Internacional Humanitário seria comparável ao "meio ambiente" como objeto de proteção das normas internacionais em matéria ecológica ou, talvez, ao MARE OMNIUM como bem protegido pelo direito internacional do mar.[205]

O próximo item a ser estudado não é a humanidade, mas o Direito Internacional dos Refugiados, sem esquecer que, por somarem atualmente quase 40 milhões de pessoas (dados oficiais do AC-NUR), constituem uma significativa parcela dela.

2.2.2) Sujeito de Direito e o DIR

A saga de Édipo, personagem de Sófocles, é contada na Trilogia Tebana. Em *Édipo em Colono*, ele já está cego, de pés inchados, e é recebido por Teseu (rei de Atenas):

> De fato, a tua sina deve ser terrível
> E não lhe ficarei indiferente, eu que

---

[203] François Bugnion, op. cit., pp. 1308-9.

[204] Dieter Fleck. *The Handbook of International Humanitarian Law*. Oxford: Oxford University Press, 2008, p. 11.

[205] Christophe Swinarski. *Direito Internacional Humanitário como Sistema de Proteção Internacional da Pessoa Humana – Principais Noções e Institutos*. São Paulo: Revista dos Tribunais, 1990, p. 27.

Cresci no exílio, um desterrado como tu,
E que arrisquei como ninguém a minha vida
Lutando muitas vezes em terras estranhas
Por isso, a nenhum forasteiro igual a ti
Eu hoje poderia recusar ajuda (...).

Asilo é uma palavra de origem grega, formada pelo sufixo "a" e o verbo *sylao*, que significa: capturar, violentar, devastar. O significado literal vem a ser: sem captura, sem devastação, sem violência.[206]

Na Grécia antiga o asilo integra o direito consuetudinário. A Constituição Francesa (1793) estabelece oferecer proteção "aos estrangeiros banidos de sua pátria por causa da liberdade".

A proteção aos buscadores de asilo (*asylum seekers*) é concretizada pelo Direito de duas maneiras: o asilo político (diplomático ou territorial), de âmbito latino-americano, e o estatuto do refugiado.

O Tratado sobre o Direito Penal Internacional assinado em 23 de janeiro de 1889 em Montevidéu foi o primeiro a positivar o instituto do asilo. Na época contemporânea o asilo é um instituto jurídico de âmbito exclusivamente latino-americano regulado pela Convenção sobre Asilo Territorial e Convenção sobre Asilo Diplomático (ambas de 1954).

O buscador de asilo, a partir do século XX, no continente europeu foi protegido por meio do reconhecimento da sua condição de refugiado. No ano de 1939, sir John Simpson reconhece a antiguidade do tema da questão em uma palestra intitulada "O problema do refugiado": "Refugiados não são um problema novo (...) O problema não é novo, mas é um problema mais severo em todo o mundo do que nunca foi antes da guerra".

---

[206] Waldo Villalpando. *ACNUR: Um Instrumento de Paz*. Madrid: Governo da Espanha, 1996, p. 10.

A afirmação é correta, e para lidar com a questão a SDN conheceu três fases da definição do estatuto de refugiado, isto é: I) Perspectiva jurídica (1920-1935); II) Perspectiva social (1935-1938); e III) Perspectiva individualista (1938-1950).[207]

I) Perspectiva jurídica (1920-1935)

No final da Primeira Guerra Mundial, a crescente recusa em receber imigrantes por parte dos países europeus foi simultânea à migração de aproximadamente um milhão e meio de russos, no início de 1917, pelas mais diversas razões relacionadas à Revolução Russa. A situação piorou quando o governo revolucionário, no ano de 1921, destituiu da cidadania russa pessoas que tivessem deixado o país por mais de cinco anos, ou que o tivessem deixado antes de 7 de novembro de 1917 sem autorização governamental. Isso transformou centenas de milhares de russos em apátridas.[208]

Em face dessa questão, o CICV apelou ao Conselho da SDN para agir em favor dos "refugiados russos dispersos na Europa sem proteção jurídica ou representação". A ação deveria ser tomada "não por um dever humanitário", mas "como uma obrigação da justiça internacional".[209]

Atendida a demanda do CICV por parte do conselho da SDN, foi estabelecido o Alto Comissariado para Refugiados Russos (21 de novembro de 1921), cujo alto-comissário foi o norueguês Fridtjof Nansen (1861-1930). Seu mandato abrangia três objetivos: 1) definir um estatuto jurídico para os refugiados; 2) organizar sua repatriação ou sua transferência para vários países capazes de rece-

---

[207] Para um detalhado histórico do trabalho da SDN, consulte: James C. Hathaway, "The Evolution of Refugee Status in International Law: 1920-1950". *The International and Comparative Law Quarterly*, vol. 33, n° 2 (abril 1984), pp. 348-80.

[208] James C. Hathaway, op. cit., p. 351.

[209] Ibid., p. 351.

bê-los, e achar meios de auxiliá-los; e 3) empreender um trabalho de socorro aos russos, com o auxílio de sociedades filantrópicas.[210]

A definição do estatuto de um refugiado russo era a seguinte: "Russos: toda pessoa de origem russa que não goze, ou que não mais goze, da proteção do governo da União das Repúblicas Socialistas Soviéticas e que não tenha adquirido outra nacionalidade".

O mandato do alto-comissário foi ampliado a fim de incluir os refugiados armênios (1924) e refugiados assírios, assírios-caldeus e turcos (1928).[211] Outro acordo foi assinado referente à emissão de certificados de identidade para russos e armênios, em 1926.[212] Em 28 de outubro de 1933, durante a vigésima assembleia da SDN, os Estados participantes acordaram a importância de ter um sistema permanente de proteção dos refugiados. Foi assinada nessa oportunidade a Convenção Relativa ao Estatuto Internacional dos Refugiados. As definições dos acordos de 1924, 1926, 1928, bem como a da convenção (1933), estipulavam que os refugiados não gozavam de proteção internacional.[213]

Em 1º de abril de 1931, a SDN criou a primeira organização cujo objetivo era lidar com a questão dos refugiados de forma ampla e não circunstancial: o escritório internacional Nansen para refugiados. A principal tarefa do escritório foi a emissão de passaportes Nansen. Esse documento possibilitou uma identificação jurídica, ainda que provisória, fornecida por uma organização internacional. Fridtjof Nansen foi o responsável pela criação desse documento, utilizado pela primeira vez em 1922 para russos que

---

210 Paul Weiss. "The International Protection of Refugees". *The American Journal of International Law*, vol. 48, nº 2 (abril 1954), pp. 193-221. O autor do artigo era consultor jurídico do ACNUR à época da redação do artigo.

211 Paul Weiss, op. cit., p. 209.

212 James C. Hathaway, op. cit., p. 353.

213 Ibid., pp. 357-9.

se tornaram apátridas, tendo em vista o cancelamento de sua nacionalidade. Nansen faleceu em 1930, e o nome do escritório foi dado em sua homenagem.[214]

De 1921 a 1935, o reconhecimento da condição de refugiado era realizado por meio de uma qualificação coletiva, de forma circunstancial e tópica. Assim, o período de 1920-1935 pode ser caracterizado pela intenção da comunidade internacional de assistir as vítimas do fenômeno jurídico da desnacionalização, por meio de medidas de proteção jurídica, e pouca atenção foi prestada às causas sociais do dilema legal dos refugiados.[215]

II) Perspectiva social (1935-1938)

No mês de janeiro de 1935, foi realizado um plebiscito no território do Saar (localizado entre França e Alemanha) com o objetivo de determinar o destino de sua população após o término do mandato exercido pela SDN. O plebiscito oferecia três possibilidades: 1) continuação do mandato da SDN; 2) anexação à França; e 3) anexação à Alemanha. A união com Alemanha saiu vitoriosa e, em consequência desse resultado, mais de três mil habitantes deixaram seus lares em direção a França e Luxemburgo. A maioria dos que fugiram fazia oposição ao governo de Hitler ou temia pelo cerceamento de sua liberdade religiosa por parte do governo nazista.

A maior parte das pessoas que deixaram o território não tinha passaporte regular, e a SDN empenhou-se em resolver a questão de um documento de identidade regular para essa população.[216]

O regime totalitário do Terceiro Reich gerou um intenso fluxo de

---

[214] José Henrique Fischel de Andrade. *Direito Internacional dos Refugiados – Evolução histórica (1921-1952)*. Rio de Janeiro: Renovar,1996, pp. 58-9.

[215] James C. Hathaway, op. cit., p. 361.

[216] Ibid., p. 362.

buscadores de asilo. Muito antes do advento dos campos de concentração, o Terceiro Reich estabeleceu: "Ninguém, mas apenas os membros da nação, pode ser cidadão do Estado. Ninguém, mas apenas aqueles com o sangue alemão, não importando seu credo, pode ser membro da nação. Nenhum judeu, portanto, pode ser um membro da nação".[217]

Em face da intolerância e xenofobia nazista, milhares de judeus deixaram a Alemanha em direção aos Estados Unidos, à Palestina e a países da Europa Ocidental. Diante dessa situação, no ano de 1933, a SDN estabeleceu o Alto-Comissariado para Refugiados (judeus e outros) originados da Alemanha. Em 1936 foi elaborado o

> Ajuste Provisório relativo ao Estatuto dos Refugiados provenientes da Alemanha, o qual, no seu artigo 1, estabelece: Para o propósito do presente Ajuste, o termo "refugiado proveniente da Alemanha" deve ser aplicado a qualquer pessoa que habitava naquele país, que não possui nenhuma outra nacionalidade além da nacionalidade alemã, e a cujo respeito foi estabelecido que de direito ou de fato não há o gozo da proteção do governo do Reich.[218]

Em março de 1937, a SDN conclamou os Estados europeus para uma conferência a fim de estabelecer um plano mais amplo para proteção dos refugiados vindos da Alemanha. No dia 10 de fevereiro de 1938, foi aprovada uma "Convenção relativa ao Estatuto do Refugiado provenientes da Alemanha", conforme o esclarecimento de Hathaway[219]. A discussão durante a conferência deixou claro, entretanto, que as pessoas abrangidas pela cláusula de exclu-

---

217 Sir John Hope Simpson. *Refugees: Preliminary Report of a Survey*. K.B.E, C.I.E Londres: Oxford University Press, 1938, pp. 59-65.
218 José Henrique Fischel de Andrade, op. cit., pp. 64-5.
219 James C. Hathaway, op. cit., p. 364-5.

são não eram vítimas de sanções econômicas ou proscrições; em vez disso, "pessoas que deixaram a Alemanha por razões econômicas, mas que não foram obrigadas a fazer isso, ou que deixaram a Alemanha a fim de evadirem-se do pagamento de impostos".

A nova definição de refugiado continua a incluir pessoas sem qualquer espécie de proteção legal do seu Estado de nascimento ou residência habitual e da comunidade internacional e, além desse amparo jurídico, passa a oferecer assistência às vítimas de acontecimentos sociais e políticos que resultaram em violações de direitos humanos e na ausência de proteção estatal, seja jurídica ou social.[220]

III) Perspectiva individualista (1938-1950)

A fim de oferecer assistência complementar àquela oferecida pelo Alto-Comissariado da SDN, o presidente dos Estados Unidos, Franklin D. Roosevelt, convocou, em julho de 1938, uma conferência na cidade de Evian, à qual compareceram trinta e dois países. Nessa oportunidade foi criado o Comitê Intergovernamental para Refugiados (CIR, 1938-1947), com sede em Londres.[221]

A proposta inicial do CIR era atender:

> 1) Pessoas que não tinham ainda deixado seus países de origem (Alemanha, inclusive Áustria), mas que eram obrigadas a emigrar devido às suas opiniões políticas, crenças religiosas e origem racial; e 2) pessoas definidas no item 1 que já tinham deixado seu país de origem, mas ainda não tinham se estabelecido permanentemente em outro lugar.[222]

---

[220] Ibid., p. 368-70.
[221] Paul Weiss, op. cit., p. 209.
[222] James C. Hathaway, op. cit., 371.

A definição em tela foi inovadora, pois reconheceu que mesmo as "pessoas que não tinham ainda deixado seus países de origem" poderiam ser classificadas como refugiadas, tendo direito à proteção e assistência. O CIR estabelece motivos *numerus clausus* para receber proteção, a saber: opiniões políticas, crenças religiosas e origem racial.[223]

O segundo organismo a ser estabelecido nesse período foi a Administração da ONU para o Socorro e Reconstrução (UNRRA, 1943-1946), cujo principal objetivo era "melhorar as condições e prestar assistência aos deslocados de guerra e refugiados nas áreas que haviam sido liberadas pelas tropas aliadas".[224]

O deslocado de guerra (*displaced person*) era uma pessoa que deixou sua residência habitual em virtude da guerra. Alguns desejavam voltar para casa, outros não sabiam para onde ir, outros eram considerados refugiados, pois não queriam voltar pelas mais diversas razões. Havia aproximadamente oito milhões na Alemanha, e três milhões em outros países da Europa.[225]

Ian Buruma[226] narra o retorno de seu pai, S.L. Buruma, um deslocado de guerra, para casa:

> Quando chegou à sua cidade, Nijmegen, os sentimentos de meu pai eram mais complexos. A Berlim que ele tinha deixado era uma cidade completamente em ruínas. Ou seja, ele estava acostumado com a destruição. Mesmo assim, deve ter sido bem desorientador andar

---

223 Ibid., 371.
224 José Henrique Fischel de Andrade. *Política de Proteção a Refugiados da ONU: sua gênese no período pós-guerra (1946-1952)*. Tese de Doutorado, UNB, 2006, p. 49.
225 Ian Buruma. *Ano Zero – Uma história de 1945*. Tradução Paul Geiger. São Paulo: Companhia das Letras, 2015 [2013], p. 175.
226 Ibid., p. 177.

pelas ruas do centro antigo de Nijmegen, onde muitas de suas construções, algumas datando da Idade Média, também haviam desaparecido, demolidas por acidente num bombardeio americano em 1944. Depois de ter passado anos com saudade de casa, meu pai subitamente ficou petrificado. Não conseguiu percorrer a distância bem curta do local onde estava até a casa da família. Os motivos disso não estão claros em sua memória. Talvez porque não tivesse certeza de que seus pais ainda estivessem vivos ou de que a casa permanecia lá. Ou talvez temesse que o reencontro tão longamente sonhado pudesse ser constrangedor; muitas coisas tinham acontecido naquele meio-tempo.

A situação dos deslocados de guerra judeus recém-saídos dos campos de concentração era extremamente penosa, assim como o gerenciamento dessa situação inédita e bastante complexa, para dizer o mínimo. A questão dos deslocados de guerra foi uma das razões que levaram à individualização do processo de determinação do estatuto de refugiado. Nesse sentido, G. Daniel Cohen afirma:[227] "Uma das mais imediatas mudanças ocorridas na governança dos deslocamentos forçados na Alemanha ocupada: a perspectiva dos direitos individuais concretamente significou o abandono do reconhecimento coletivo dos refugiados pela SDN".

Complementa G. Daniel Cohen:[228]

> Essa posição jurídica foi incorporada em um rigoroso sistema de elegibilidade depois de 1945. Nos campos de deslocados de guerra, a veracidade do relato de

---

227 G. Daniel Cohen. "The 'Human Rights Revolution' at Work – Displaced Persons in Poswtwar Europe". In: Stefan-Ludwig Hoffmann (editor). *Human Rights in the Twentieth Century*. Nova York: Cambridge University Press, 2011, pp. 45-61; p. 53.
228 Ibid., p. 55.

perseguição era revisada por oficiais militares funcionários civis internacionais treinados para identificar, entre outros potenciais intrusos, antigos "colaboradores" traidores" e "auxiliares" do regime nazista. Desse modo, a mudança de coletivo para direitos individuais – tão crucial para o formato (*shaping*) do asilo político contemporâneo – também foi um resultado do contexto mais amplo de desnazificação e retribuição (*retribution*) no continente europeu.

Com o surgimento da ONU, foi estabelecida uma nova organização responsável pela questão dos refugiados e "deslocados de guerra, aprovada pela assembleia geral, em dezembro de 1946": A Organização Internacional para o Refugiados (1946-1951). As funções definidas para a OIR foram: repatriação, identificação, registro, classificação, cuidado e assistência, proteção jurídica e política, reassentamento e restabelecimento dos refugiados.[229]

As pessoas abrangidas pelo mandato da OIR foram aquelas que "em completa liberdade e depois de terem recebido total conhecimento dos fatos (...) expressarem objeções válidas para retornar a seus países de origem". As objeções válidas para OIR:

> I) perseguição ou temor baseado em motivos razoáveis de perseguição, em razão de raça, religião, nacionalidade ou opiniões políticas, desde que essas opiniões não estejam em conflito com os princípios das Nações Unidas. II) objeções de natureza política (...) III) (...) razões familiares imperativas provenientes de perseguições anteriores, ou, razões imperativas de debilidade ou doença.

---

229 Paul Weiss, op. cit., p. 210.

Tais objeções que integravam o conceito de refugiado eram imprecisas e altamente discricionárias. Só poderiam ser aplicadas para: vítimas do nazismo, fascismo e regimes similares; refugiados pré-guerra; pessoas fora de seu país de origem e impossibilitadas ou não dispostas a retornar; órfãos de guerra e deslocados de guerra. Também foram estabelecidas cláusulas de exclusão.[230]

Em meados de 1947, o mandato da OIR era o único válido na comunidade internacional. Por meio de um acordo, a OIR incorporou as responsabilidades da UNRRA, do Comitê Intergovernamental e do antigo Alto-Comissariado da SDN.[231]

A propósito da definição de refugiado da OIR, é pertinente o comentário de Hathaway:[232]

> A noção básica, assim sendo, subjacente à definição da OIR, era de que um indivíduo podendo ser descrito como vítima de um reconhecido estado de intolerância ou um dissidente político genuinamente motivado era um refugiado, mesmo que não tivesse demandado nem estivesse determinado a ser um merecedor da proteção e assistência internacional.

Após o encerramento das atividades da OIR, a Assembleia Geral da ONU criou o Alto-Comissariado das Nações Unidas para Refugiados (ACNUR), por meio da resolução 319 (IV), de 3 de dezembro de 1949. O estatuto do ACNUR foi aprovado no dia 14 de dezembro de 1950 por meio da resolução 428 (V) da Assembleia Geral da ONU. O ACNUR iniciou suas atividades em 1º de janeiro de 1951.

A ONU, por meio da resolução 429 (v), de 14 de dezembro de 1950,

---

[230] James C. Hathaway, op. cit., p. 376.
[231] Ibid., p. 376.
[232] Ibid., p. 376.

convocou a "Conferência de Plenipotenciários da ONU sobre o Estatuto do Apátrida e Refugiado". A conferência teve lugar em Genebra de 2 a 25 de julho de 1951. Participaram dela vinte e seis países (incluindo o Brasil), sendo dois como observadores: Cuba e Irã. Do total de vinte e seis países, quinze eram europeus. A conferência também contou com a participação (com voz, mas sem voto) de vinte e oito organizações internacionais de caráter não governamental, dentre as quais no mínimo catorze eram de caráter humanitário e/ou religioso. A CICV e a Liga das Sociedades Nacionais da Cruz Vermelha estiveram presentes. A OIR também tomou parte das discussões como membro observador sem direito a voto. Ela foi presidida pelo dinamarquês Knud Larsen (1901-1970) e teve como secretário-executivo John P. Humphrey (que foi o secretário da Comissão de Direitos Humanos na elaboração da DUDH).[233]

Em uma de suas primeiras resoluções, foi decidido que a questão dos apátridas, devido à sua especificidade, seria discutida em outra oportunidade. A Convenção de 1951 foi aprovada por unanimidade no dia 28 de julho de 1951 e aberta à assinatura. Ela entrou em vigor no dia 22 de abril de 1954, depois da sexta assinatura, de acordo com o artigo 43. Os seis primeiros países signatários da Convenção de 1951, pela ordem, foram: 1) Dinamarca (1952); 2) Noruega (1953); 3) Bélgica (1953); 4) Luxemburgo (1953); 5) República Federal da Alemanha (1953); e 6) Grã-Bretanha.

Logo no primeiro considerando há uma referência explícita à Carta da ONU e à DUDH:

> Considerando que a Carta das Nações Unidas e a De-

---

[233] "Final Act of the United Nations Conference of Plenipotentiaries on the Status of Refugees and Stateless Persons", realizada em Genebra de 2 a 25 de julho de 1951 [138 *United Nations Treaty Series* 1954] <http://www.unhcr.org/protection/travaux/40a8a7394/final-act-united-nations-conference-plenipotentiaries-status-refugees-stateless.html>. Acesso: 19. set. 2017.

claração Universal dos Direitos Humanos, aprovada em 10 de dezembro de 1948 pela Assembleia Geral, afirmaram o princípio de que os seres humanos devem gozar dos direitos fundamentais e liberdades sem discriminação.

A Convenção de 1951 inova pouco em relação à definição de refugiado da OIR e consolida o trabalho já realizado pela SDN. O próprio texto da convenção reconhece sua nomogênese: "Considerando que é desejável rever e codificar os acordos internacionais anteriores relativos ao estatuto dos refugiados e estender a aplicação desses instrumentos e a proteção que eles oferecem por meio de um novo acordo".

A definição da condição de refugiado integra o artigo 1 da Convenção de 1951. O Artigo 1, inciso 1, complementado pelo artigo 6, manteve o estatuto dos "refugiados históricos" definidos em seis acordos anteriores, a saber: russos, turcos, armênios, assírios, assírios-caldeus, refugiados com passaporte Nansen, originados da Alemanha e da Áustria, bem como refugiados definidos na constituição da OIR.[234]

A definição de refugiado foi estabelecida no artigo 1, inciso 2:

> Artigo 1 (...) 2. Que, em consequência dos acontecimentos ocorridos antes de 1º de janeiro de 1951 e devido a um bem-fundado temor de perseguição por motivos de raça, religião, nacionalidade, grupo social ou opiniões políticas, encontra-se fora de seu país de sua nacionalidade e que não pode ou, em virtude desse temor, não quer valer-se da proteção desse país, ou que, se não tem nacionalidade, encontra-se fora do país no

---

[234] Paul Weis, op. cit., p. 966.

qual tinha sua residência habitual em consequência de tais acontecimentos, não pode ou, devido ao referido temor, não quer voltar a ele.

Os cinco motivos elencados do "bem fundado temor de perseguição", com exceção do "grupo social", estavam presentes na definição de objeções válidas elaborada pela OIR, bem como o quesito "perseguição". O que muda é o qualificativo "bem fundado temor". A esse respeito, esclarece Paul Weiss:[235]

> (...) O medo é um sentimento subjetivo, mas um elemento objetivo foi adicionado pela adição da expressão "bem fundado". O solicitante tem que dar indicações que capacitem a autoridade responsável pela determinação de seu *status* a decidir se ele tem boas razões ou não para temer a perseguição.

A Convenção de 1951 define o refugiado como um "perseguido". G. Daniel Cohen[236] aduz um pertinente esclarecimento:

> A resposta à questão fundamental "Quem é um refugiado?" foi fundamentada no contexto específico do pós-guerra na Europa, ainda que finalmente ancorado em uma forte linguagem universal na Convenção de Genebra de 1951. A declaração de direitos dos refugiados políticos cristalizou no Direito Internacional os principais legados da experiência dos deslocados de guerra (...) Poucos anos depois da Segunda Guerra Mundial e no meio da Guerra Fria, a sombra de Hitler e Stálin significativamente pesou sobre as percepções "universais" da perseguição política.

---

235 Paul Weis, op. cit., p. 970.
236 G. Daniel Cohen, op. cit., pp. 55-6.

A Convenção, no artigo 3, define o direito à não discriminação e, no artigo 4, o direito à religião. O artigo 10, cujo título é "continuidade de residência", refere-se aos deslocados de guerra.

Indubitavelmente, a Convenção de 1951 é um marco na perspectiva da proteção da pessoa humana pelo Direito Internacional, uma vez que ela vai no sentido de uma proteção e supervisão internacional , para além do clássico limite territorial do Estado-nação, ao elencar direitos específicos para os refugiados em diversos de seus artigos e ao estabelecer que "o estatuto pessoal de um refugiado será regido pela lei do país de seu domicílio, ou, na falta de domicílio, pela lei do país de sua residência". A convenção também estabeleceu o "tratamento mais favorável" aos refugiados ou "a mesma circunstância" em relação aos nacionais.

O artigo 35 da Convenção de 1951 estabelece que:

> (...) os Estados contratantes se comprometem a fornecer-lhes, pela forma apropriada, as informações e os dados estatísticos solicitados relativos: Ao estatuto dos Refugiados; à execução desta Convenção, e

> Às leis, regulamentos e decretos que estão ou entrarão em vigor no que concerne aos refugiados.

Assim, a implementação da Convenção de 1951 ficou sob responsabilidade do Estado contratante e supervisão do ACNUR. Dando como exemplo o Brasil, a Convenção de 1951 foi aprovada no dia 7 de julho de 1960, com ratificação em 15 de novembro de 1960 e promulgação pelo Decreto nº 50.215, de 28 de janeiro de 1961. Todavia, a incorporação da Convenção de 1951 no ordenamento jurídico pátrio só veio a ocorrer com a promulgação da Lei nº 9.474, de 22 de julho de 1997.

Tal lei foi aprovada no Congresso Nacional porque teve como relator o então deputado federal Aloysio Nunes Ferreira (refugiado, reconhecido pelo ACNUR na França e ministro das Relações Exteriores no momento em que se escreve este livro) e como revisor o então deputado federal Hélio Bicudo (conhecido defensor dos direitos humanos). Além da pressão política exercida por dois brasileiros que trabalhavam no ACNUR: Sérgio Vieira de Mello, à época dos fatos um funcionário do alto escalão, e Guilherme Lustosa da Cunha, então representante regional para o sul da América ca do Sul.

Diante da inércia do Estado contratante, o ACNUR muito pouco pode fazer, tendo em vista o seu Estatuto que, no artigo 1, estabelece como seu dever principal "proporcionar proteção internacional aos refugiados que se enquadrem nas condições previstas no presente estatuto". No artigo 2, define a característica do trabalho do ACNUR: "terá um caráter totalmente apolítico, será humanitário".

Ao que parece, a predileção pelo termo humanitário exclui a preocupação com direitos humanos dos refugiados. Tanto é que na Convenção de 1951 o termo "direitos humanos" aparece apenas uma vez ao qualificar a Declaração Universal de 1948. E no estatuto do ACNUR verifica-se o mesmo fenômeno: nenhuma referência aos direitos humanos. A questão perpassa os anos e continua bastante similar. Rossana Rocha Reis e Thais Silva Menezes concluem, ao constatar a quase ausência do conceito de direitos humanos em diversos documentos contemporâneos do ACNUR: "Falar em direitos humanos significa recorrer a um imperativo mais forte que o humanitarismo comumente declarado pela formulação do arranjo internacional para a questão dos refugiados".[237]

---

[237] Rossana Rocha Reis e Thais Silva Menezes. "Direitos Humanos e Refúgio – Uma análise sobre o momento pós-determinação do status de refugiado". *Revista Brasileira de Política Internacional* vol. 56 (1), pp. 144-62; p. 162, 2013.

A perspectiva humanitária foi enfatizada por Paul Weiss (consultor jurídico do ACNUR) em um texto de 1960.

> O problema dos refugiados é essencialmente um problema humanitário. É de se esperar, portanto, que as definições sejam interpretadas em um espírito humanitário, de forma liberal, como está sendo já realizado em várias cortes e tribunais de alta qualidade que foram mencionados nesse artigo. A profissão jurídica tem o seu papel a exercer nesse problema humano e jurídico.

Optar de forma enfática e cristalina pela perspectiva humanitária é, no caso do ACNUR e do DIR, privilegiar a proteção da pessoa.

O próximo sujeito de direito a ser analisado é o que se faz presente na Convenção Internacional sobre todas as Formas de Discriminação Racial (1965).

2.2.3) Sujeito de Direito e o DIDH

> "(...) a força do preconceito depende geralmente do fato de que a crença na veracidade de uma opinião falsa corresponde aos meus desejos, mobiliza minhas paixões, serve aos meus interesses." [238]

Em 1919, durante a elaboração do Pacto da SDN, o representante do Japão apresentou uma proposta cujo objetivo era incluir o tema da igualdade racial no texto do pacto. Todavia, os debates mostraram que, para muitos países, o "racismo oficial" por parte do Estado era prática comum, o que fez a proposta ser rejeitada.[239]

---

[238] Norberto Bobbio. "A natureza do preconceito". *Elogio da Serenidade e outros escritos morais.* Tradução de Marco Aurélio Nogueira. São Paulo: Editora da Unesp, 2002 {1998}, p. 104.
[239] Paul Gordon Lauren, op. cit., pp. 125-7.

Em 1938, existiam aproximadamente 644 milhões de pessoas vivendo em países classificados como colônias, protetorados ou dependências (com exceção dos países ligados à Grã-Bretanha).[240] De acordo com a ONU, em 1945 (ano de sua fundação) um terço da população mundial vivia nos países colonizados. Atualmente, existem dezessete países não autogovernados, com uma população aproximada de dois milhões de pessoas, aguardando pelo processo de descolonização, e onze territórios vinculados ao Trusteeship Council.[241]

Juridicamente, o processo de descolonização significava o fato de que os antigos povos coloniais passavam a ser aceitos como sujeitos de Direito Internacional com direitos iguais em relação a seus outrora colonizadores. Em termos jurídicos, significou o fim de todo e qualquer vestígio do Direito Internacional das Nações Civilizadas, e para Emmanuele Jouanet[242] o início de uma nova fase: o Direito Internacional pós-colonial.

Nas palavras de Jan C. Jansen e Jurgen Osterhammel:[243]

> "Descolonização" é um termo técnico e neutro de um dos processos mais dramáticos na história moderna: o desaparecimento do império como uma forma política, e o fim da hierarquia racial como uma ideologia política amplamente aceita, a qual oferecia um princípio estruturador da ordem mundial.

O processo de descolonização significou a simultânea dissolução de

---

[240] Jan C. Jansen e Jurgen Osterhammel. *Decolonization – A Short History*, tradução de Jeremiah Riemer. Princeton: Princeton University Press, 2017 [2013], p. 6.

[241] Para mais informações do trabalho da ONU no processo de descolonização, consulte: <http://www.un.org/en/sections/issues-depth/decolonization/>. Acesso: 15.set. 2017.

[242] Emmanuelle Jouanet. "Le Droit International de la Reconnaissance". *Revue de Droit International Public* (out-dez 2012), tomo CXVI n° 4, pp. 769-800; p. 771.

[243] Jan C. Jansen e Jurgen Osterhammel, op. cit., p. 2.

diversos impérios continentais e o estabelecimento de novos Estados-nação no sul global, no período histórico entre 1945 e 1975. No seu sentido atual: "a deslegitimação historicamente excepcional e irreversível de qualquer tipo de regime político que represente uma relação de subjugação a uma elite de poder considerada por uma vasta maioria da população um ocupante estrangeiro".[244]

De acordo com dados da própria ONU, no ato da assinatura da Carta de São Francisco, no ano de 1945, mais de oitenta países não eram reconhecidos como Estados soberanos. No processo de elaboração da DUDH, duas personalidades aqui já mencionadas eram provenientes de países que tinham acabado de conquistar sua independência, isto é: Charles Malik, Líbano (data da independência: 22 de novembro de 1943) e Carlo Romulo, Filipinas (data da independência: 4 de julho de 1946).

Apesar de não constar de forma explícita na carta da ONU, a questão foi abordada, ainda que de forma indireta, no artigo 2 da DUDH, que trata da discriminação racial:

> Artigo II
>
> Toda pessoa tem capacidade para gozar os direitos e as liberdades estabelecidos nesta Declaração, sem distinção de qualquer espécie, seja de raça, cor, sexo, língua, religião, opinião política ou de outra natureza, origem nacional ou social, riqueza, nascimento, ou qualquer outra condição.
>
> Não será também feita nenhuma distinção, fundada na condição política, jurídica ou internacional do país ou território a que pertença uma determinada pessoa, quer se trate de um território independente, sob tute-

---

[244] Jan C. Jansen e Jurgen Osterhammel, op.cit., p. 1.

la, sem governo próprio, quer sujeito a qualquer outra limitação de soberania.

A condição política, jurídica ou internacional dos povos vivendo em colônias também foi incluída enquanto uma "razão" de discriminação. O processo histórico de "descolonização" estava nos seus primórdios, mas amplamente presente nos debates da Comissão de Direitos Humanos da ONU para a elaboração da DUDH.

Apesar da abstenção na votação da DUDH de diversos países comunistas (URSS, Tchecoslováquia, República Socialista Soviética da Bielorússia, República Socialista Soviética da Ucrânia, Polônia e Iugoslávia), foi graças à influência desses países que o tema da não discriminação se fez presente de forma ampla na DUDH. Nas palavras de Morsink:[245]

> Há muita linguagem de não discriminação na Carta das Nações Unidas para dizer que os comunistas introduziram esse princípio no processo de redação da Declaração. Mas podemos dizer que é principalmente devido à sua persistência que é uma característica tão proeminente do documento. Mais do que qualquer outro bloco de votação, os comunistas empurraram desde o início para a inclusão de uma linguagem clara de antidiscriminação na Declaração. Este selo de não discriminação é a marca deles no documento.[246]

Entre os dias 7 e 24 de novembro de 1950, o canadense John P. Humphrey, nesse período exercendo a função de diretor da Di-

---

[245] Johannes Morsink, op. cit., p.93.

[246] Ibid., p. 95. Para um estudo aprofundado da participação da URSS na DUDH, veja Jennifer Amos, *Embrancing and Contesting: The Soviet Union and the Universal Declaration of Human Rights, 1948-1958*. In: Stefan-Ludwig Hoffmann (editor). *Human Rights in the Twentieth Century*. Nova York: Cambridge University Press, 2011, pp. 147-65.

visão de Direitos Humanos, escreveu a seguinte anotação no seu diário: "(...) os países "retrógrados" [*backward*] estão revoltados! [Eleanor Roosvelt] acredita que se trata de uma revolta das pessoas de pele escura em relação aos brancos. É mais do que isso". A perplexidade de Humphrey pode ser explicada por uma demanda de direitos dos antigos povos coloniais no âmbito da Assembleia Geral da ONU. Assinala Burke[247]: "Entre 1950 e 1979, o processo de descolonização transformou a ONU e a forma do discurso de direitos humanos".

A fase mais intensa desse processo ocorreu entre 1945-1975. Nesse período, a maioria das colônias da Ásia, da África e do Caribe obteve sua independência e o posterior reconhecimento como Estados-membros da ONU.[248] Nos anos 1960, diversos artigos da DUDH foram utilizados na elaboração da constituição de mais de vinte de países, recém-independentes, do continente africano.[249]

Após a DUDH, o tema central da Comissão de Direitos Humanos da ONU foi a elaboração de instrumentos jurídicos vinculantes para os direitos humanos. No ano de 1952, ficou decidido que seriam dois pactos: um de direitos civis e políticos e o outro de direitos econômicos, sociais e culturais. Em 1954, os textos dos pactos estavam prontos e foram encaminhados à Assembleia Geral da ONU, que só veio a apreciá-los em 1966, colocando-os em vigor no ano de 1976.[250]

---

247 Roland Burke. *Decolonization and the Evolution of International Human Rights* (Pennsylvania Studies in Human Rights). Philadelphia: University of Pennsylvania Press, 2010, p. 48.

248 Jan C. Jansen e Jurgen Osterhammel, op. cit., p. 71. Para uma análise aprofundada da independência colonial, veja em especial o capítulo 3, "Paths to Sovereignty" (pp. 71-118).

249 Steven L.B. Jansen. *The Making of International Human Rights – The 1960's, Decolonization, and the Reconstruction of Global Values*. Nova York: Cambridge University Press, 2016, p. 7.

250 Steven L.B. Jansen, op.cit., p. 40.

Enquanto isso, os novos Estados independentes da África e Ásia foram capazes de avançar suas pautas. A realização da Conferência de Bandung (1955), com a presença de vinte e nove países da África e Ásia, foi um marco no diálogo entre esses países.[251]

O fim do colonialismo e a luta contra a discriminação racial se fizeram presentes na Declaração sobre a Concessão da Independência aos Países e Povos Coloniais (resolução da Assembleia Geral da ONU 1514 (XV), de 14 de dezembro de 1960): "Acreditando que o processo de liberdade é irresistível e irreversível e que, a fim de evitar crises graves, é preciso pôr fim ao colonialismo e a todas as práticas de segregação e discriminação que o acompanham".

O artigo 1 equipara a colonização à violação dos direitos humanos: "A sujeição dos povos a uma subjugação, dominação e exploração constitui uma negação dos direitos humanos fundamentais, é contrária à Carta das Nações Unidas e compromete a causa da paz e da cooperação mundial".

Quinze anos depois da criação da ONU, o processo de descolonização transformou-se em uma pauta central da organização, e isso graças à ação conjunta dos novos países independentes da África e da Ásia.[252] Após a emergência do tema do fim do colonialismo, urgia a elaboração de um novo documento que tratasse o tema de uma presente e constante violação de direitos humanos, isto é: a discriminação racial.

Nos anos 1960 havia dois fenômenos históricos de segregação racial que se transformaram em questões críticas nas negociações travadas entre países africanos e asiáticos e países do bloco

---

[251] Para mais informações da Conferência de Bandung, consulte: Roland Burke, "The Compeling Dialogue of Freedom". *Human Rights at the Bandung Conference*, vol.28, n° 4, pp. 947-65.

[252] Steven L.B. Jansen, op.cit., p. 55.

ocidental capitalista: a segregação racial nos EUA e a política de *apartheid* na África do Sul.

O diplomata britânico Hugh Foot, durante vários anos, foi administrador colonial, tendo reconhecido sucesso na Jamaica nos anos 1950 ao preparar o país para independência, o que veio a ocorrer em 6 de agosto de 1962. Posteriormente, ele viria a ser o representante da Grã-Bretanha na ONU. Seu comentário ilustra a forma de pensar dos países colonizadores:[253]

> Não mostramos indignação quando vemos escravidão política ou exploração econômica ou injustiça social. Quando as pessoas sujeitas falam sobre a liberdade, as chamamos de "emocionais". Quando eles insistem em uma política positiva de libertação, nós os chamamos de "imprudentes". Quando as resoluções são aprovadas nas Nações Unidas com o apoio irresistível do mundo, nós as chamamos de "total falta de responsabilidade". Em um mundo cheio de perigo explosivo, não temos mais ideais do que a manutenção do *status quo*.[254]

O tema dos direitos humanos foi afetado pela política de "polaridades definidas" entre EUA e URSS, o que levou a uma complexa e demorada negociação da aprovação dos dois Pactos de Direitos Humanos.

Aproveitando-se desse espaço vazio da ação diplomática, os "novos" países africanos e asiáticos conduziam os trabalhos, na Assembleia Geral da ONU, para a elaboração de instrumentos jurídicos de Direitos Humanos significativos para seus povos. Nesse sentido,

---

253   Steven L.B. Jansen, op.cit., p. 63.
254   Hugh Foot. *A Start in Freedom*. Londres: Hodder & Stoughton, 1964, p. 231-2.

vale a reflexão do diplomata de Gana (cuja independência ocorreu em 6 de março de 1957) Alex Quaison-Sackey (1924-1992)[255]:

> Enquanto a União Soviética e os Estados Unidos assumirem posições antagônicas sobre problemas mundiais e tentarem atrair à sua órbita qualquer número de outros países, por muito tempo haverá uma necessidade de um grupo de países permanecerem fora dos dois campos – um grupo dos países que abordarão as questões internacionais o mais objetivamente possível e farão a defesa da justiça, da moralidade e dos direitos humanos.

No ano de 1964, Alex Quaison-Sackey,[256] então como presidente de Gana, foi o primeiro líder de um Estado da África a abrir uma Assembleia Geral da ONU. Seu discurso é um clamor ao universalismo dos direitos humanos.

> Os padrões universais devem existir, e a própria existência das Nações Unidas é um testemunho dessa convicção; mas esses padrões universais devem ser desenvolvidos por todas as nações, e eles podem ser desenvolvidos apenas pelo acordo fruto do diálogo e pela aceitação de novas ideias e a disposição de conceder a outros os direitos esperados para si próprios.

A atuação dos países recém-independentes, na Assembleia Geral da ONU, possibilitou a aprovação de um segundo documento, que condenava, uma vez mais, o colonialismo, enfatizava a questão do *apartheid* e introduziu, de forma explícita, o tema da discriminação racial. Referido documento foi a Declaração das Nações Unidas sobre a Eliminação de Todas as Formas de Discrimina-

---

255 Alex Quaison-Sackey, *Africa Unbound: Reflections of an African Statesman*. New York: Frederick A. Praeger, 1963.
256 Ibid., p.67.

ção Racial (resolução da Assembleia Geral da ONU número 1904 [XVIII], de 20 de novembro de 1963). Nos considerandos é feita referência à Declaração sobre a Concessão de Independência aos Países e Povos Coloniais e condena-se também o colonialismo. A condenação a práticas racistas com participação do Estado, entre elas o *apartheid*, é evidente.

> (...) Alarmados com as manifestações de discriminação racial em evidência em algumas áreas do mundo, algumas das quais são impostas por determinados governos, por meio de medidas administrativas ou outras medidas legais, sob a forma, nomeadamente, de segregação, *apartheid* e da separação, bem como pela promoção e divulgação das doutrinas de superioridade racial e expansionismo em certas áreas;

No artigo 1 da Declaração em tela, a discriminação racial foi definida como uma ofensa à dignidade da pessoa humana e uma forma de violação dos direitos humanos.

> Artigo 1 – A discriminação entre os seres humanos em razão da raça, cor ou origem étnica é uma ofensa à dignidade humana e será condenada como uma negação dos princípios da Carta das Nações Unidas, como uma violação dos direitos humanos e liberdades fundamentais proclamados na Declaração Universal dos Direitos Humanos, bem como um obstáculo às relações amigáveis e pacíficas entre as nações e como um fato capaz de perturbar a paz e a segurança entre os povos.

Elaborada a Declaração sobre a Eliminação de Todas as Formas de Discriminação Racial no final de 1963, a etapa seguinte foi a elaboração de um tratado vinculante, que tomou como base a Declaração. Isso só não foi realizado no ano de 1964 devido a uma crise financeira da ONU e a controvérsias políticas que comprometeram seriamente a reunião da Assembleia Geral do ano em tela. Por fim, durante a sessão da Assembleia Geral da ONU de 1965, no dia 21 de dezembro, por meio da resolução nº 2.106-A (XX), foi aprovada a Convenção Internacional sobre a Eliminação de todas as Formas de Discriminação Racial (CERD). Aberta para assinatura no dia 7 de março de 1966, nove países foram os primeiros signatários, a saber: Bielorrússia, Brasil, República Centro-Africana, Grécia, Israel, Filipinas, Polônia, União Soviética e Ucrânia. Ela entrou em vigor no dia 4 de janeiro de 1969 – trigésimo dia após a entrega do vigésimo sétimo instrumento de ratificação – de acordo com o artigo 19 da CERD.[257]

A CERD faz referência expressa nos seus considerandos tanto à DUDH como à Declaração sobre a Concessão da Independência aos Países e Povos Coloniais (1960) e à Declaração sobre a Eliminação de Todas as Formas de Discriminação Racial (1963).

Durante os debates para elaboração da CERD, os representantes do Senegal (independência: junho 1960) e da Colômbia apresentaram em conjunto uma proposta a fim de que fosse incluída no preâmbulo da Convenção a seguinte frase: "Convencidos de que a existência de barreiras raciais repugna os ideais de qualquer sociedade civilizada". O representante do Senegal fez a defesa da sua proposta:

> Sociedade civilizada significava qualquer sociedade normativa orientada por um olhar ético cujos princípios gerais fundamentais estavam presentes na Declaração Universal de Direitos Humanos; seu oposto era

---

257 Steven L.B. Jansen, op.cit., p. 110-1.

a sociedade selvagem, que era dominada pela ideia de que "o que é permitido é correto" [*might is right*].[258]

Ao final dos debates, por sugestão do representante do Brasil, o adjetivo "civilizada" foi trocado por "humana", restando a frase: "Convencidos de que a existência de barreiras raciais repugna os ideais de qualquer sociedade humana".

Logo no artigo 1 da Convenção é definida a discriminação racial:

> Parte I
>
> Artigo 1 – Para fins da presente Convenção, a expressão "discriminação racial" significará toda distinção, exclusão, restrição ou preferência baseada em raça, cor, descendência ou origem nacional ou étnica que tenha por objeto ou resultado anular ou restringir o reconhecimento, gozo ou exercício em um mesmo plano (em igualdade de condição) de direitos humanos e liberdades fundamentais nos campos político, econômico, social, cultural ou em qualquer outro campo da vida pública.

Na definição de discriminação racial, a CERD estabelece um direito individual ou coletivo a uma "prestação negativa" do Estado e da população em geral, de uma pessoa ou grupo de pessoas não ter restringido *o reconhecimento, gozo ou exercício de direitos humanos e liberdades fundamentais.* O que se quer enfatizar é que o direito à "não" discriminação racial é diferente de outros direitos humanos como: direito à moradia, direito à educação, direito à alimentação e direito à agua potável. Trata-se de um direito que, quando respeitado, possibilita o exercício de outros direitos em sua plenitude.

---

[258] Steven L.B. Jansen, op.cit., p. 119.

Elucida Lafer[259] a adequada compreensão dos conceitos de raça e racismo.

> O sequenciamento do genoma humano confirmou que só existe uma raça – a raça humana. Assim, é certo que os judeus não são uma raça, mas não são uma raça os brancos, os negros, os mulatos, os índios, os ciganos, os árabes e quaisquer outros integrantes da espécie humana. Todos, no entanto, podem ser vítimas da prática de racismo. Por isso, discutir o crime da prática de racismo a partir do tema "raça" é um equívoco. O crime da prática do racismo tem sua base e reside nas teorias e nos preconceitos que discriminam grupos ou pessoas a eles atribuindo características "raciais".

A CERD estabelece no artigo 8 um comitê a ela ligado formado por "dezoito peritos de grande prestígio moral e reconhecida imparcialidade" para supervisão do seu cumprimento pelos Estados signatários. Foi o primeiro mecanismo convencional de monitoramento de violação de direitos humanos a ser criado na história do DIDH.

A CERD determinou também o estabelecimento de medidas promocionais tanto na luta contra o preconceito e discriminação como para promover o entendimento, a tolerância e a amizade entre nações e grupos raciais e étnicos.

> Artigo 7 – Os Estados-parte comprometem-se a tomar as medidas imediatas e eficazes, principalmente no campo do ensino, educação, cultura e informação, para lutar contra preconceitos que levem à discriminação racial e promover o entendimento, a tolerância e a

---

259 Celso Lafer. "Parecer. O caso Ellwanger: Antissemitismo como crime da prática do racismo". In: *A internacionalização dos Direitos Humanos: Constituição, Racismo e Relações Internacionais*. São Paulo: Manole, 2005, pp. 33-120; p. 102.

amizade entre nações e grupos raciais e étnicos, assim como propagar os propósitos e os princípios da Carta das Nações Unidas, da Declaração Universal dos Direitos Humanos, da Declaração sobre a Eliminação de Todas as Formas de Discriminação Racial.

Na Parte II da CERD, toda ela dedicada ao Comitê, fica estabelecido, de forma inédita, um novo direito: o direito de petição.

> Artigo 14 – 1. Todo Estado-parte na presente convenção poderá declarar, a qualquer momento, que reconhece a competência do Comitê para receber examinar as comunicações enviadas por indivíduos e grupos de indivíduos sob sua jurisdição que aleguem ser vítimas de violação, por um Estado-parte, de qualquer um dos direitos enunciados na presente Convenção. O comitê não receberá comunicação alguma relativa a um Estado-parte que não houver feito declaração dessa natureza.

Cartas e correspondências em geral foram enviadas para o Comitê de Direitos Humanos da ONU desde sua criação. Elas revelam um vácuo existente entre as normas de direito internacional e a situação desesperadora das pessoas que desejam ver tais normas efetivadas. Tais correspondências só começaram a ser consideradas a partir do final dos anos 1960, tendo em vista: 1) a luta contra o *apartheid*; 2) o processo de descolonização e a discriminação racial.[260]

A nomogênese do direito de petição na história dos direitos humanos na ONU tem seu início com a proposta apresentada pelo libanês Charles Malik na primeira sessão do Comitê (janeiro-fe-

---

260 Roland Burke, op. cit., posição 1352 [edição kindle].

vereiro 1947). Malik foi apoiado no seu pleito por: Hansa Metha (Índia, independente em 15 de agosto de 1947) e Carlo Romulo (Filipinas).[261]

Durante os debates preliminares da CERD, a proposta dos países latino-americanos era a criação de uma Corte Internacional de Direitos Humanos. O representante do Líbano apresentou a proposta de um comitê para recebimento de petições. Em 2 de dezembro de 1965, a proposta do Líbano foi aprovada.[262]

Estabelecimento do primeiro mecanismo convencional de monitoramento de violação de direitos humanos e o direito de petição individual na esfera internacional. A luta contra a discriminação racial cria precedentes...

---

[261] Para um detalhado histórico do direito de petição no âmbito da ONU, veja Roland Burke, op. cit., em especial o capítulo 3, "Putting the Stamps Back On: Apartheid, Anticolonialism, and the Accidental Birth of a Universal Right to Petition", posição 1331 a 2079 [edição kindle].

[262] Steven L.B. Jansen, op.cit., p. 124-5.

Conclusão

A não violência é o princípio de organização com uma função diretiva direcionada a quem elabora a norma das três vertentes da proteção internacional dos direitos da pessoa humana.[263] O objetivo principal da não violência é a proteção da pessoa humana em face da violência, para os fins deste livro definida de acordo com a OMS:

> Uso intencional da força física ou do poder, real ou potencial, contra si próprio, contra outras pessoas ou contra um grupo ou uma comunidade, que resulte ou tenha grande possibilidade de resultar em lesão, morte, dano psicológico, deficiência de desenvolvimento ou privação.

A pessoa protegida pela Convenção para Melhorar a Condição dos Feridos nos Exércitos em Campanha (1864), Convenção de Genebra do Estatuto do Refugiado (1951) e Convenção Internacional para Eliminação de todas as Formas de Discriminação Racial (1965) é a pessoa humana vítima de violência e, portanto, carente de proteção.

"Pessoa protegida" é uma expressão utilizada pelo Direito Internacional Humanitário também cabível para o indivíduo como destinatário da norma da Convenção de Genebra do Estatuto do Refugiado (1951) e Convenção Internacional para Eliminação de todas as Formas de Discriminação Racial (1965). A questão que

---

263 Para uma reflexão a respeito deste tema, veja: Guilherme Assis de Almeida, *Direitos Humanos e Não Violência*, 2ª edição. São Paulo: Atlas, 2015.

coloco é: a pessoa protegida possui personalidade jurídica? Dito de outro modo, a pessoa protegida é um sujeito de direito?

No livro *Princípios do Direito Internacional*, publicado em 1952, Hans Kelsen (1881-1973) afirma que o indivíduo é sujeito de direito do Direito Internacional em determinadas condições.[264] Para Kelsen, principal teórico da concepção formalista da personalidade jurídica internacional, não existe sujeito *a priori* para o Direito internacional. Trata-se de um sistema aberto, e em tese qualquer entidade pode ter personalidade jurídica, bastando ser a destinatária de uma norma internacional. Para a concepção individualista da personalidade jurídica, a partir da DUDH, o indivíduo – e não o Estado – é o sujeito *a priori* (originário) do Direito Internacional.[265]

Portmann propõe uma leitura complementar dessas duas concepções, de forma que o indivíduo tenha personalidade jurídica *a priori* no Direito Internacional no caso de normas jurídicas relacionadas ao Direito Penal Internacional e ao Direito Internacional dos Direitos Humanos.[266]

Seguindo esse raciocínio, as pessoas protegidas nas três convenções aqui analisadas podem ser consideradas detentoras de personalidade jurídica e, portanto, sujeitos de direito na ordem internacional. Indubitavelmente, é uma mudança radical em relação ao Direito Internacional das Nações Civilizadas (1815-1919), no qual o indivíduo era considerado na medida em que estivesse vinculado a determinado Estado soberano.

A partir da SDN, já na fase do Direito Internacional da Humanidade, o indivíduo transforma-se, graças ao Direito Internacional, em

---

[264] Hans Kelsen. *Principles of International Law*. New York: Rinehart&Company, 1952 https://babel.hathitrust.org/cgi/pt?id=mdp.39015021919280;view=1up;seq=1. Acesso: 26.set.2017.

[265] Roland Portmann, op. cit., capítulo 11, p. 271-81.

[266] Ibid., p. 276.

objeto de proteção da comunidade internacional como um todo. A partir da DUDH, a pessoa humana passou a integrar a normativa do Direito Internacional; posteriormente, graças aos tratados aqui analisados, a pessoa humana adquire personalidade jurídica na ordem internacional. Alerta Portmann que "a única consequência direta de possuir personalidade no Direito Internacional é a capacidade de invocar a responsabilidade e de tornar-se responsável por crimes internacionais. Não existe nenhuma capacidade inerente de criar normas internacionais".[267] Portanto, a personalidade jurídica no Direito Internacional é uma etapa imprescindível no processo de afirmação histórica dos direitos humanos, mas é importante considerar que, usando a classificação de Rainer Forst, temos o reconhecimento da pessoa ética, moral e de direito, mas não o reconhecimento pleno de uma cidadania transnacional.

A Convenção de 1951 determina um procedimento jurídico para definição de quais pessoas terão sua condição de refugiado reconhecida como tal. O ACNUR edita um *Manual de Procedimentos e Critérios para Determinar a Condição de Refugiado.*[268] Após um ato declaratório, emitido pelo ACNUR ou pelo país a quem foi demandado o estatuto, é efetivado o reconhecimento da condição de refugiado de determinada pessoa. Observe-se que a condição de refugiado é provisória e que, de acordo com a normativa do ACNUR, soluções duradouras para o problema devem ser providenciadas, sendo a repatriação voluntária a primeira da lista.

Para Emma Haddad[269] "um refugiado é um indivíduo que tenha sido forçado, num grau significativo, para fora de sua comunidade

---

267 Roland Portmann, op. cit., p. 277.

268 <http://www.acnur.org/t3/fileadmin/scripts/doc.php?file=biblioteca/pdf/3391>. Acesso: 21.set. 2017.

269 Emma Haddad. *The Refugee in International Society: Between Sovereigns.* Cambridge Studies in International Relations nº 106. Cambridge: Cambridge University Press, 2008, p. 42.

política". Uma vez reconhecido como refugiada, a pessoa terá a possibilidade do exercício de direitos estabelecida na Convenção de 1951. Todavia, o refugiado não tem o direito de participação política no país que o acolheu. Portanto, se bem sucedido no processo de integração local – a segunda solução duradoura –, o refugiado só voltará a ser um sujeito político quando cessar sua categorização como refugiado e adquirir uma nova nacionalidade. Importante enfatizar: um refugiado não é um cidadão no pleno exercício de seus direitos.

O reconhecimento de uma pessoa como refugiado indubitavelmente tem um caráter protetivo, no sentido mais básico e elementar de proteção: o cuidado com alguém mais fraco. Todavia, deve-se levar em consideração que estar na condição de refugiado cria um estereótipo para a pessoa. Refugiado é um rótulo.[270]

Em um texto escrito em 1943, Arendt[271] expressa o mal-estar que a condição de refugiado pode trazer a uma pessoa:

> Em primeiro lugar, não gostamos de ser chamados de "refugiados". Nós mesmos nos chamamos de "recém-chegados" ou "imigrantes". Nossos jornais são jornais para "norte-americanos de língua alemã"; e até onde sei, não há e nunca houve qualquer clube fundado pelo povo-perseguido por Hitler cujo nome indicasse que seus membros eram refugiados.

A entrevista de elegibilidade, realizada previamente ao reconhecimento da condição de refugiado, considera a narrativa dos buscadores de asilo, apenas e tão somente para averiguar a existência

---

270 Roger Zetter. "Labelling Refugees: Forming and Transforming a Bureaucratic Identity". *Journal of Refugee Studies*, vol. 4, nº 1, 1991, pp. 39-63.

271 Hannah Arendt. "Nós, Refugiados". In: Jerome Kohn e Ron H. Feldman (org.). *Escritos Judaicos*, Tradução de Laura Degaspare Monte Mascaro, Luciana Garcia de Oliveira e Thiago Dias da Silva. Barueri: Manole, 2016 [2007], pp. 477-92; p. 477.

de um plausível "bem fundado temor de perseguição". Os outros detalhes, por mais significativos que sejam para o buscador de asilo, não são relevantes para a determinação de sua condição de refugiado.[272] O exercício desses direitos tem lugar no país de acolhimento, e o ACNUR, de forma apolítica e humanitária, tem a tarefa de supervisão.

O tema da participação política de buscadores de asilo e refugiados está ausente da Convenção de 1951, mas foi a participação política dos grupos de países africanos e asiáticos que tornou possível a Convenção Internacional para Eliminação de Todas as Formas de Discriminação Racial (1965). Graças à firme e decisiva atuação política desses países foi estabelecido o direito de petição no artigo 14 (1). O direito de petição só é possível para vítimas de discriminação racial. Ao reduzir o escopo do direito de petição, resta impossível a participação política de eventuais interessados, inexistindo, portanto, a possibilidade da apresentação de uma petição sobre um projeto de promoção de igualdade racial, por exemplo.

A lógica de criação das normas do Direito Internacional dos Direitos Humanos especifica situações de vulnerabilidade e carência de proteção nas quais o destinatário da norma é categorizado como vítima. Afirma Cançado Trindade:[273]

> A centralidade das vítimas no universo conceitual do Direito Internacional dos Direitos Humanos, insuficientemente analisada pela doutrina jurídica contemporânea até o presente, é da maior relevância e acarreta consequências práticas. Na verdade, é da própria essência do Direito Internacional dos Direitos Huma-

---

[272] Nando Sigona. *The Politics of Refugee Voices – Representations, Narratives and Memories.* pp. 369-82.

[273] Antônio Augusto Cançado Trindade, op. cit., pp. 434-5.

nos, porquanto é na proteção estendida às vítimas que este alcança sua plenitude.

A categorização como vítima alcança os próprios mecanismos de monitoramento dos tratados (como o da CERD). A vitimização dos sujeitos de direito do DIDH esvazia a capacidade de ação política dessas pessoas, fortalecendo o caráter protetivo do DIDH e inviabilizando toda e qualquer perspectiva emancipatória. O desafio teórico que se apresenta é a elaboração de uma concepção política e não apenas protetiva dos Direitos Humanos.

A fim de superar esse desafio, urge pensar em formas de cooperação e diálogo constante entre o Direito Internacional dos Direitos Humanos e o Direito Cosmopolita. Lembro aqui as palavras de Kant[274] a propósito das características do Direito Cosmopolita: "(...) não é nenhuma representação fantástica e extravagante do direito, mas um complemento necessário de código não escrito, tanto do direito político como do direito das gentes, num direito público da humanidade em geral".

O Direito Cosmopolita é a dimensão adequada para o surgimento de um sujeito com atuação política no âmbito de Direitos Humanos, um verdadeiro cidadão cosmopolita, que, tomando a dignidade da pessoa humana como fundamento de sua ação, tenha como tarefa a reinvenção dos direitos, a proposição de iniciativas, a reflexão e o pensamento e, por meio da ação política como agir conjunto, seja capaz de iluminar a afirmação de Hannah Arendt:[275] "(...) O homem pode perder todos os chamados Direitos do Homem sem perder sua qualidade essencial de homem, sua dignidade humana. Só a perda da própria comunidade é que o expulsa da humanidade".

---

274 Immanuel Kant, op. cit., p. 140.
275 Hannah Arendt. *Origens do Totalitarismo – Antissemitismo, Imperialismo, Totalitarismo.* Tradução de Roberto Raposo. São Paulo: Companhia das Letras, 1989 [1949], p. 331.

Bibliografia

ABBOT, H. Porter. *The Cambridge Introduction to Narrative*. Cambridge: Cambridge University Press, 2008 [edição Kindle].

ALMEIDA, Guilherme Assis de. *Direitos Humanos e Não Violência*. São Paulo: Editora Atlas, 2001.

_____ e PINHEIRO, Paulo Sérgio. *Violência Urbana*. São Paulo: Publifolha (Folha Explica nº 57), 2003.

ANDRADE, José Henrique Fischel de. *Direito Internacional dos Refugiados – Evolução histórica (1921-1952)*. Rio de Janeiro: Renovar, 1996.

_____ *Política de Proteção a Refugiados da ONU: sua gênese no período pós guerra (1946-1952)*. Tese de Doutorado, UNB, 2006.

APPIAH , Kwame Anthony. *O Código de Honra*: Como ocorrem as Revoluções Morais. Tradução Denise Bottmann. São Paulo: Companhia das Letras, [2010] 2012.

ARENDT, Hannah. *Nós, Refugiados*. In: Jerome Kohn e Ron H. Feldman (org.). *Escritos Judaicos*, tradução de Laura Degaspare Monte Mascaro, Luciana Garcia de Oliveira e Thiago Dias da Silva. Barueri: Manole, 2016 [2007], pp. 477-92.

_____ *Origens do Totalitarismo: Antissemitismo, Imperialismo, Totalitarismo*. Tradução de Roberto Raposo. São Paulo: Companhia das Letras, [1949] 1989.

_____ *Homens em Tempos Sombrios*. Tradução de Denise Bottmann. São Paulo: Companhia das Letras, [1968] 2008.

ASSY, Bethania. *Ética, Responsabilidade e Juízo em Hannah Arendt*. São Paulo: Perspectiva, Instituto Norberto Bobbio, 2015.

BECKER, Jean-Jacques. *O Tratado de Versalhes*. Tradução de Constancia Egrejas. São Paulo: Editora Unesp, [2002] 2011.

BEGLEY, Louis. *O Caso Dreyfus: Ilha do Diabo, Guantánamo e o pesadelo da história*. São Paulo: Companhia das Letras, 2010 [2004].

BENTWICH, N. "L'Origine et l'Histoire du Système des Mandats Internationaux" *RCADI*, 1929 IV Tome 29, p. 121-32.

BERNSTEIN J., Richard. *The Pragmatic Turn*. Cambridge (UK): Polity Press, 2010.

BIRNBAUM, Pierre. *L'Affaire Dreyfus*. La République em Péril Paris: Gallimard (Découvertes), 1994.

BOBBIO, Norberto. *A Era dos Direitos*. Tradução de Carlos Nelson Coutinho. Rio de Janeiro: Campus, 2004{1992}.

_____ *Elogio da Serenidade e outros escritos morais*. Tradução de Marco Aurélio Nogueira São Paulo: Editora da Unesp, 2002 {1998}

_____ *O Problema da Guerra e as Vias da Paz*. Tradução de Álvaro Lorencini. São Paulo: Editora da Unesp, 2003.

_____ "Terceiro Ausente". *Ensaios e Discursos sobre a Paz e a Guerra*. São Paulo: Manole e Centro de Estudos Norberto Bobbio, [1989] 2009.

BUGNION, François. "Birth of an idea: the founding of the International Committee of the Red Cross and of the International Red Cross and Red Crescent Movement: from Solferino to the original Geneva Convention (1859-1864)". In; *International Review of the Red Cross Humanitarian Debate: Law, Policy, Action*. vol. 94, nº 888, winter 2012 special number ICRC: 150 Years of Humanitarian Action, pp. 1299-338.

BURGERS, Jan Herman. "The Road to San Francisco: The Revival of the Human Rights Idea in the Twentieth Century". In: *Human Rights Quarterly (HRQ)*, vol. 14, nº 4 (nov. 1992), pp. 447-77.

BURKE, Roland. *Decolonization and the Evolution of International Human Rights* (Pennsylvania Studies in Human Rights). Philadelphia: University of Pennsylvania Press, 2010.

BURUMA, Ian. *Ano Zero – Uma história de 1945*. Tradução de Paul Geiger. São Paulo: Companhia das Letras, 2015 [2013].

CALVO, Charles. *Dictionnaire de Droit International Public et Privé (1885)*. Tome I-II http://cataloguebnf.fr/ark:/12148/bpt6k5432857z Tome II p. 2. Acesso: 12 ago 2017.

CANÇADO TRINDADE, Antônio Augusto. *O Direito Internacional dos Direitos Humanos no limiar do Novo Século*. In: Tratado de Direito Internacional dos Direitos Humanos (volume III), capítulo XX. Porto Alegre: Sergio Antonio Fabris Editor, 2003, p. 405-509.

_____ "Direito Internacional dos Direitos Humanos, Direito Internacional Humanitário, Direito Internacional dos Refugiados – Aproximações ou convergências". In: *As Três Vertentes da Proteção Internacional dos Direitos da Pessoa Humana – Direitos Humanos, Direito Humanitário, Direito dos Refugiados*. San José: IIDH,1996, p. 29-85.

CARBASSE, Jean-Marie. *Histoire du Droit*. 2ª edição corrigida. Paris: PUF, 2010, Coleção "Que Sais Je?".

CARRILLO SALCEDO, Juan Antonio. *Derechos Humanos y Derecho Internacional*. Isegoría / 22 (2000), pp. 69-81.

_____ *Soberanía de los estados y derechos humanos en derecho internacional contemporáneo*. Madri: Tecnos, 2001.

CASSIN, René. *La Declaration Universelle et la mise en oeuvre des droits de l'homme*. RCADI, Tome. 79 (II), 1951, pp. 239-367.

COHEN ,G. Daniel. "The 'Human Rights Revolution' at Work – Displaced Persons in Poswtwar Europe". In: Stefan-Ludwig Hoffmann (editor). *Human Rights in the Twentieth Century*. Nova York: Cambridge University Press, 2011, pp. 45-61.

COMPARATO, Fabio Konder. *A Afirmação Histórica dos Direitos Humanos*. 3ª edição revista e ampliada. São Paulo: Saraiva, 2003.

COVER, Robert M. *Nomos e Narração*. ANAMORPHOSIS Revista Internacional de Direito e Literatura, vol. 2 , nº 2, jul-dez 2016 [1983], tradução de Luis Rosenfield, pp. 187-268.

DELMAS-MARTY, Mireille. *L'Adieux aux Barbares*. Quebec: Presses de l'Université Laval, 2007.

DIENA, G. *Les Mandats Internationaux*. RCADI ,1924, p. 215-25.

DOYLE, Michel W. *Empires*. Ithaca: Cornell University Press, 1986.

DUMONT, Louis. *Essais sur l'Individualisme. Une Perspective Anthropologique sur l'Ideologie Moderne*. Paris: Gallimard Folio Essais, nº 230, 1991.

DUNANT, Henry. *Recuerdos de Solferino*. Genebra: Comitê Internacional da Cruz Vermelha, 1982 [1858].

DURAND, André. "The Role of Gustave Moynier in the Founding of the Institute of International Law (1873)". *International Review of the Red Cross*, vol. 34, 1994, pp. 543-63.

DURKHEIM, Émile. *O individualismo e os intelectuais* (Edição bilíngue e crítica). Organização e edição: Márcia Consolim, Márcio de Oliveira e Raquel Weiss São Paulo: EDUSP, 2016.

FILLOUX, Jean-Claude. *Personne et sacré chez Durkheim*. Archives de sciences sociales des religions 35 année, n. 69, Relire Durkheim (jan-mar, 1990), p. 41-53.

FLECK, Dieter. *The Handbook of International Humanitarian Law*. Oxford: Oxford University Press, 2008.

FORST, Rainer. *Os Contextos da Justiça*. Filosofia política para além do liberalismo e comunitarismo. Tradução de Denilson Luis Werle. São Paulo: Boitempo, 2010 [1994].

GARCÍA, Angeles Mateos. *A Teoria dos Valores de Miguel Reale* (Fundamento de seu tridimensionalismo jurídico). Tradução de Talia Bugel. São Paulo: Saraiva, 1999.

GARCIA, Eugênio Vargas. *O Brasil e a Liga das Nações (1919-1926)*, 2ª ed. Porto Alegre: Editora da UFRGS, 2005.

GOLDONI, Marco; McCOKINDALE, Christopher. "Law and Pratical Reason", vol. 4. *Hannah Arendt and the Law*. Oxford: Hart Publishing, 2012.

GROS ESPIELL, Hector. *Derechos Humanos, Derecho Internacional Humanitário e Derecho Internacional de los Refugiados* em Études et essais sur le droit international humanitaire et sur les principes de Croix Rouge em l'honneur de Jean Pictet (ed.Christophe Swinarski). Genève, La Haye, CICR Nijhoff, 1984, p. 706-11.

HABERMAS, Jurgen. *La Paix Perpétuelle*. Le bicentenaire d'une idée kantienne. Tradução de Rainer Rochlitz. Paris: Les Éditions du Cerf, 1996.

_____ *O Conceito de dignidade humana e a utopia realista dos direitos humanos* em *Sobre a Constituição da Europa: Um ensaio*. Tradução de Denilson Luis Werle, Luiz Repa e Rúrion Melo. São Paulo: Editora da Unesp, 2012 [2011], pp. 7-37.

HADDAD, Emma. *The Refugee in International Society – Between Sovereigns*. Cambridge: Cambridge University Press/ Cambridge Studies in International Relations nº 106, 2008.

HATHAWAY, James C. "The Evolution of Refugee Status in International Law: 1920- 1950". *The International and Comparative Law Quarterly*, vol. 33, nº 2 (abril 1984), pp. 348-80.

HIGGINS, Michael D. "Roger Casement e a Amazônia", prefácio de Angus Mitchell (editor); Laura P. Z. Izarra e Mariana Bolfarine (orgs.). *Diário da Amazônia de Roger Casement*. Tradução de Mariana Bolfarine (coord.), Mario Marques de Azevedo e Maria Rita Drumond Viana. São Paulo: EDUSP, 2016.

HOBSBAWN, Eric J. *A Era dos Impérios: 1875-1914*. São Paulo: Paz e Terra, 2016 [1988].

HOFFMANN, Stefan-Ludwig. "Human Rights and History". *Past and Present Society* (Oxford-2016), pp. 279-310.

HOFFMANN, Stefan-Ludwig (editor). *Human Rights in the Twentieth Century.* Cambridge: Cambridge University Press, 2011.

HONNETH, Axel. *Luta por Reconhecimento – A Gramática Moral dos Conflitos Sociais.* São Paulo: Editora 34, 2003.

_____ *Integrity and Disrespect: Principles of a Conception of Morality based on the Theory of Recognition.* Political Theory, vol. 20, nº 2, (maio, 1992) pp. 187-201.

HUMPHREY, John. *No Distant Milleniunn – The International Law of Human Rights.* Paris: Unesco, 1989.

HUNT, Lynn. *A invenção dos Direitos Humanos: Uma História.* Tradução de Rosaura Eichenberg. São Paulo: Companhia das Letras, [2007] 2009.

ISRAEL, Gerard. *René Cassin e os Direitos Humanos.* São Paulo: EDUSP, 2010.

IZARRA, Laura P.Z. "Roger Casement e a Amazônia", prefácio de Angus Mitchell. *Roger Casement no Brasil: A Borracha, a Amazônia e o Mundo do Atlântico 1884-1916.* Tradução de Mariana Bolfarine, organização de Laura L.P. Izarra. São Paulo: W.B. Yeats Chair of Irish Studies; Humanitas, 2011.

JAMES, William. *Pragmatism: a new name for some old ways of thinking* (1907).

JENSEN, Steven L.B. *The Making of International Human Rights – The 1960's, Decolonization, and the Reconstruction of Global Values.* Cambridge: Cambridge University Press, 2016.

JOAS, Hans. *A Sacralidade da Pessoa – Nova Genealogia dos Direitos Humanos.* São Paulo: Editora da Unesp, [2011] 2012.

KALSHOVEN, Frits e ZEGVELD, Liesbeth. *Restricciones en la conducción de la Guerra. Introducción al Derecho Internacional Humanitario.* Tradução de Margarita Polo, Buenos Aires: Centro de Apoyo en Comunicación para América Latina (CICR): [2001] 2005.

KANT, Immanuel. *A Paz Perpétua e outros opúsculos.* Tradução de Artur Morão. Lisboa: Edições 70, [1795-1796] 1995.

KELSEN, Hans. *Principles of International Law.* New York: Rinehart&Company, 1952.

KOSKENNIEMI, Martti. *The Gentle Civilizer of Nations – The Rise and fall of International Law 1870-1960.* Cambridge: Cambridge University Press, 2001.

LAFER, Celso. *A Reconstrução dos Direitos Humanos – Um Diálogo com o Pensamento de Hannah Arendt.* São Paulo: Companhia das Letras, 1988.

_____ *A Declaração Universal dos Direitos Humanos de 1948: seu alcance e significado para a teoria dos direitos humanos* In: *Direitos Humanos :Um percurso no Direito no Século XXI*. São Paulo: Atlas, 2015.

_____ *A Internacionalização dos Direitos Humanos – Constituição, Racismo e Relações Internacionais.* Barueri: Manole, 2005.

_____ *A Internacionalização dos Direitos Humanos – O Desafio do Direito a ter Direitos.* Revista do Tribunal Regional Federal (3ª Região), vol. 75 jan/fev, 2006, pp. 37-54.

_____ *Experiência, Ação e Narrativa: Reflexões sobre um Curso de Hannah Arendt.* Revista Estudos Avançados 21 (60), 2007, pp. 289-304.

_____ "O Processo do Capitão Dreyfus: de Rui Barbosa: o Texto, seus contextos e desdobramentos". In: *Direitos Humanos: Um percurso no Direito no Século XXI*. São Paulo: Atlas, 2015, p. 157-77.

_____ Parecer. O caso Ellwanger: Antissemitismo como crime da prática do racismo". In: *A internacionalização dos Direitos Humanos: Constituição, Racismo e Relações Internacionais.* São Paulo: Manole, 2005, pp. 33-120.

_____ "Reflexões sobre o historicismo axiológico em Miguel Reale e os direitos humanos no plano internacional". In: O *Pensamento de Miguel Reale – Actas do IV Colóquio Tobias Barreto.* Instituto de Filosofia Luso-Brasileira: Viana do Castelo, 1998, pp. 167-74.

LALANDE, André. *Vocabulário Técnico e Crítico da Filosofia.* Tradução de Fátima Sá Correia, Maria Emília V. Aguiar, José Eduardo Torres, Maria Gorete de Souza. São Paulo: Martins Fontes, 2006 [1926].

LAUREN, Paul Gordon. *The Evolution of International Human Rights: Visions Seen.* Filadélfia: University of Pennsylvania Press, 2011.

LAUTERPACHT, Hersch. *The Subjects of Law of Nations.* Law Quarterly Review 64.253 (1948), p. 97-119.

LÉVY, Bernard-Henry. *Aventuras da Liberdade: uma história subjetiva dos intelectuais.* Tradução de Paulo Neves. São Paulo: Companhia das Letras [1991] 1992.

LOPES, José Reinaldo de Lima. *As Palavras e a Lei – Direito, Ordem e Justiça na História do Pensamento Jurídico Moderno.* São Paulo: Editora 34/Edesp, 2004, (coleção Direito GV).

MANDELSTAM, André N. *La Protection Internationale des Droits de L'Homme.* RCADI, vol. IV, tome 38 (1931), pp. 129-229.

MAZOWER, Mark. "The End of Civilization and the Rise of Human Rights – The Mid-Twentieth-Century Disjuncture". In: Stefan-Ludwig Hoffmann (editor). *Human Rights in the Twentieth Century*. Nova York: Cambridge University Press, 2011. pp. 29-44.

MEIJKNECHT, Anna. *Minority Protection System between World War I and World War II*. MPEPIL (2005).

MITCHELL, Angus (editor); IZARRA, Laura P.Z. e BOLFARINE , Mariana (orgs.). *Diário da Amazônia de Roger Casement*. Tradução de Mariana Bolfarine (coord.), Mario Marques de Azevedo e Maria Rita Drumond Viana. São Paulo: EDUSP, 2016.

_____ (ed.) *Roger Casement no Brasil– A Borracha, a Amazônia e o Mundo Atlântico, 1884-1916*. Tradução de Mariana Bolfarine; Laura P. Z. Izarra (org). São Paulo: W.B. Yeats Chair of Irish Studies; Humanitas, 2011.

MOYN, Samuel. "Personalism, Community, and the Origins of Human Rights". In: Stefan-Ludwig Hoffmann (editor). *Human Rights in the Twentieth Century*. Nova York: Cambridge University Press, 2011, pp. 85-106.

MORSINK, Johannes. *The Universal Declaration of Human Rights: Origins, Drafting and Intent*. Philadelphia: Pennsylvania Studies in Human Rights, 1999.

MOUNIER, Emmanuel. *Le Personnalisme*. Paris: PUF, 1949, coleção "Que sais-je?".

OHLIN, Jens David. "Is the Concept of the Person Necessary for Human Rights?" (2005). *Cornell Law Faculty Publications*, paper 434.

OSTERHAMMEL, Jurgen. T*he transformation of the world*. A Global history of the nineteenth century. Tradução de Patrick Camiller. Princeton: Princeton University Press, 2014 [2009].

_____ e JANSEN, Jan C. *Decolonization – A Short History*. Tradução de Jeremiah Riemer. Princeton: Princeton University Press, 2017 [2013]

PEDERSEN, Susan. The Guardians: *The League of Nations and the Crisis of Empire*. Oxford: Oxford University Press, 2015.

PEYTRIGNET, Gérard. "Sistemas internacionais de proteção da pessoa humana: O Direito Internacional Humanitário". In: *As Três Vertentes da Proteção Internacional dos Direitos da Pessoa Humana – Direitos Humanos, Direito Humanitário, Direito dos Refugiados*. San José: IIDH,1996 pp. 125-215.

PORTMANN, Roland. *Legal Personality in International Law (Cambridge Studies in International and Comparative Law)*. Cambridge: Cambridge University Press, 2010.

REALE, Miguel. *Experiência e Cultura*. 3ª edição. São Paulo: Saraiva, 1983.

REDMAN, Renee Colette. *The League of Nations and the Right to be Free from Enslavement: The First Human Right to Be Recognized as Customary International Law*. 70 Chi.-Kent. L. Rev. 759 (1994), p. 759-87.

REIS, Rossana Rocha e MENEZES, Thais Silva. "Direitos Humanos e Refúgio – Uma análise sobre o momento pós-determinação do status de refugiado". *Revista Brasileira de Política Internacional*, vol. 56 (1), pp. 144-62; p. 162, 2013.

RIOUX, Jean Pierre. *1898-1899: Les premiers pas de la Ligue*. Supplément nº 128. D'Hommes et Libertés. *Revue de la Ligue de Droit de L'Homme* (2004).

RICOEUR, Paul. *Parcours de la Recoinaissance: Trois études*. Paris: Gallimard Folio Essais nº 459, 2007.

ROMULO, Carlos. *Natural Law and International Law*. University of Notre Dame Natural Law Institute Proceedings, 3 (1949).

RUFIN, Jean-Christophe. *L'Aventure Humanitaire*. Paris: Découvertes Gallimard (Histoire), 1994.

SACKEY, Alex Quaison. *Africa Unbound: Reflections of an Africa Statesman*. New York: Frederick A. Praeger, 1963.

SAID, Edward W. *Cultura e Imperialismo*. Tradução de Denise Bottmann. São Paulo: Companhia das Letras, [1993] 2011.

SANDRONI, Cícero e Laura Constância. *Austragésilo de Atahyde: O século de um liberal*. Rio de Janeiro: Agir, 1988.

SIGONA, Nando. The Politics of Refugee Voices – Representations, Narratives and Memories In *The Oxford Handbook of Refugee and Forced Migration Studies*, edited by Elena Fiddian-Qasmiyeh, Gil Loescher, Kathy Long and Nando Sigona. Oxford: Oxford University Press, pp. 369-82.

SIMPSON, sir John Hope. *Refugees: Preliminary Report of a Survey*. K.B.E, C.I.E Londres: Oxford University Press, 1938.

SLUGA, Glenda. *René Cassin: Les Droits de l'homme and the Universality of Human Rights, 1945-1966*. In: Stefan-Ludwig Hoffmann (editor). *Human Rights in the Twentieth Century*. New York: Cambridge University Press, 2011, pp. 107-24.

SPEIGHT, Allen. *Arendt on Narrative Theory and Practice*. College Literature 38 (1), 2011, pp. 115-30.

STEIGER, Heinhard. "From the International Law of Christianity to the International Law of the World Citizen – Reflections on the Formation of the Epochs of the History of International Law". *Journal of the History of International Law (JHIL)* 3: p. 180-93, 2001.

SUPIOT, Alain. *Homo Juridicus – Ensaio sobre a Função Antropológica do Direito.* Tradução: Maria Ermantina de Almeida Prado Galvão. São Paulo: WMF Martins Fontes, 2007.

SWINARSKI, Christophe. *Direito Internacional Humanitário como Sistema de Proteção Internacional da Pessoa Humana – Principais Noções e Institutos.* São Paulo: Revista dos Tribunais, 1990.

TRIGEAUD, Jean-Marc. "La personne". In: *Archives de Philosophie du Droit,* tomo 34 (Le Sujet de Droit). Paris: Editions Sirey, p. 120.

VARGAS LLOSA, Mario. *O Sonho do Celta.* Tradução de Paulina Wacht e Ari Roitman São Paulo: Alfaguara, [2010] 2011.

VILLALPANDO, Waldo. *ACNUR: Um Instrumento de Paz.* Madrid: Governo da Espanha, 1996

WACHSMANN, Patrick. *Les Droits de L'Homme – Connaisance du Droit.* 5ª ed. Paris: Dalloz, 2008.

WEISS, Paul. "The International Protection of Refugees". *The American Journal of International Law,* vol. 48, nº 2 (abril 1954), pp. 193-221.

ZETTER, Roger. "Labelling Refugees: Forming and Transforming a Bureaucratic Identity". *Journal of Refugee Studies* vol. 4, nº 1, 1991, pp. 39-63.